梅本堯夫・大山 正 監修 **15** コンパクト新心理学ライブラリ

心理学史

現代心理学の生い立ち

大山 正 著

サイエンス社

監修のことば

　心理学をこれから学ぼうという人の中には，おうおうにして先入観をもっている人が多い。それは，たいていマスコミで取り上げられることの多いカウンセリングや深層心理の問題である。心理学といえば，それだけを扱うものであるという誤解が生まれやすいのは，それらの内容が青年期の悩みに，すぐに答えてくれるように思われるからであろう。それらの臨床心理の問題も，もちろん，心理学の中で重要な問題領域であるが，心を研究する科学としての心理学が扱う問題は，もちろんそれだけではない。

　人間は環境の中で生きていくために，環境の事物をよく見たり，聞いたりしなければならないし，欲望を満足させるために行動しなければならないし，行動して得た貴重な経験は生かされなければならない。心は，考えたり，喜んだり，泣いたり，喧嘩したり，恋愛をしたりという，人間のあらゆる活動で働いている。大人の心だけではなく，子どもの心も知らなければならない。人はそれぞれ違った性格をもっているし，社会の中で生きていくためには人間関係がどのようになっているかも知らなければならない。

　心理学は実に豊富な内容をもっていて，簡単にこれだけが心理学であるというわけにはいかない。『吾輩は猫である』という作品一つで，夏目漱石とは，こういう作家であるといえないようなものである。夏目漱石を知ろうと思えば，漱石全集を読む必要がある。

　それと同じように心理学とはなにかということを理解するためには，知覚心理学も発達心理学も性格心理学も社会心理学も臨床心理学も，およそのところを把握する必要がある。

　われわれがさきに監修した「新心理学ライブラリ」は，さいわい世間で好意的に受け入れられ，多くの大学で教科書として採用していただいた。しかし近年，ますます大学で学ばなければならない科目は増加しており，心理学のみにあまり長い時間をかける余裕はなくなってきた。そこで，今回刊行する，心理学の各領域のエッセンスをコンパクトにまとめた「コンパクト新心理学ライブラリ」は現代の多忙な大学生にとって最適のシリーズであると信じる。

監修者　梅　本　堯　夫
　　　　大　山　　　正

まえがき

　本書は心理学およびその関連学科に学ぶ学生の皆さんが，現代心理学が生まれてきた経過を理解することを目的に執筆されたものである。現在の心理学もまだよく分かっていないのに，その歴史にまでは関心が及ばないと感じている読者も多いことであろう。しかし，その歴史を知ることは，現代の心理学を理解する一つの近道と言える。人の心を考える際に，心理学と哲学とはどのように関連するのだろう。なぜ心理学は人文系の科目なのに，実験があったり，数学を使ったりして，理系的な面があるのだろう。人の心を扱う心理学でなぜ動物実験をするのだろう。心理学では異常心理が分かるのだろうか。心理学では人の性格の違いをどう扱うのだろうか。心理学は社会でどのように役立つのだろうか。このような疑問に対する答えは，現代心理学の生い立ち，つまり歴史を知ると，おのずから理解されるであろう。是非，本書がその役に立つことを期待したい。

　心理学が独立した学問として認められたのは，19世紀の後半であり，比較的若い学問であると言えよう。しかし，心理学的問題に対する人々の関心は古く，それらの問題をはじめて組織的学問的に考察したのは，アリストテレスだと言われる。その後，各時代の哲学者，自然科学者，医学者などにより，いろいろの側面から心理学的問題が考察・研究されてきたが，ドイツのヴントによって，1つの体系にまとめられたのが，19世紀末近くである。我が国ではすでに明治時代となっていたから，他の西欧の学問と同様に新たに体系化された心理学をいち早く導入した。大学で教えられ，研究され，教育界や産業界でも応用が試みられたのであ

る。しかし，今日のように広範囲に普及したのは，第2次世界大戦終了後からである。このような経過を本書では14章にわたって説明していく。特に最後の章では，我が国における心理学の発展の経過を述べる。

　本書は，1994年度から2期8年間にわたって，筆者が中心となって行った放送大学の「心理学史」の印刷教材が基になっている。このような形で利用することを快く了解して下さった放送大学教育振興会に感謝したい。放送大学では，一部の章をより専門の方に分担して執筆して頂いたが，本書では筆者が一人で全章を執筆した。心理学史の科目を教えた経験では，テキストの途中で執筆者が変わると，学生が心理学史の流れを理解しにくくなるようであったからである。そのため，筆者が自分の専門から離れた分野の歴史についても執筆する冒険をあえて行った。その点を補うため，新たに筆者が書き加えた章は，素稿を章ごとに専門の方に校閲して頂き，助言を得た。その役を引き受けて頂いた岩脇三良，妙木浩之，若林明雄，高砂美樹，安齊順子の諸先生には，深く感謝したい。ただし，最終的な責任は筆者にある。また，もともと筆者が担当した章も，今回新たに再検討し，改訂補足し，図表なども拡充した。出版に際しては，サイエンス社の清水匡太氏に，細部にわたりお世話になったことを深く感謝したい。

2010年7月

　　　　　　　　　　　　　　　　　　　　　　　大山　正

目　次

まえがき……………………………………………………………… i

第1章　心理学史の展望　　1

　心理学の起源……………………………………………… 2
　心理学史の概観…………………………………………… 4
　古代ギリシャの心理学的思想…………………………… 8
　古代末期および中世の心理学…………………………… 16
　◆参 考 図 書………………………………………………… 18

第2章　連 合 主 義　　19

　ギリシャ時代……………………………………………… 20
　ホ ッ ブ ス………………………………………………… 20
　ロ ッ ク…………………………………………………… 24
　バークリー………………………………………………… 28
　ヒ ュ ー ム………………………………………………… 30
　ハートリー………………………………………………… 32
　19世紀における連合主義………………………………… 34
　◆参 考 図 書………………………………………………… 39

第3章　感覚・知覚研究　　41

　色覚の研究………………………………………………… 42
　特殊神経エネルギー説…………………………………… 44
　空 間 知 覚………………………………………………… 46
　ヘルムホルツの貢献……………………………………… 50
　◆参 考 図 書………………………………………………… 52

第4章　精神物理学　　53

　フェヒナーと精神物理学………………………………… 54

精神物理学の歴史的背景 ………………………………… 58
精神物理学の影響 ………………………………………… 62
◆参 考 図 書 ………………………………………………… 70

第5章　心理学の独立　　　　　　　　　　　　　73

反応時間研究 ……………………………………………… 74
ヴントの生涯 ……………………………………………… 76
ヴントの心理学の体系 …………………………………… 80
ヴントの貢献 ……………………………………………… 86
◆参 考 図 書 ………………………………………………… 89

第6章　19世紀末の心理学　　　　　　　　　　　91

エビングハウスの記憶研究 ……………………………… 92
ブレンターノと作用心理学 ……………………………… 94
ヴュルツブルク学派の思考研究 ………………………… 96
感覚・知覚研究 …………………………………………… 98
アメリカにおける心理学の状況 ………………………… 100
進化論の影響 ……………………………………………… 106
◆参 考 図 書 ………………………………………………… 108

第7章　比較心理学　　　　　　　　　　　　　113

ダーウィンの進化論 ……………………………………… 114
ダーウィンの表情研究 …………………………………… 114
比較心理学の始まり ……………………………………… 116
アメリカにおける動物の実験心理学的研究 …………… 118
ヨーロッパにおける動物行動研究 ……………………… 124
動物の言語 ………………………………………………… 128
動物研究と心理学 ………………………………………… 132
◆参 考 図 書 ………………………………………………… 132

第8章　個人差の研究　　133

知能の個人差の研究の起こり……………………………… 134
知能検査の開発…………………………………………… 138
性格の類型論……………………………………………… 144
性格の特性論……………………………………………… 148
◆参 考 図 書……………………………………………… 152

第9章　精神分析学　　153

フロイトの生涯と業績…………………………………… 154
フロイトの理論の概要…………………………………… 158
フロイトの後継者たち…………………………………… 164
精神分析学の影響………………………………………… 168
◆参 考 図 書……………………………………………… 172

第10章　ゲシュタルト心理学　　173

要素観から全体観へ……………………………………… 174
仮現運動の研究…………………………………………… 176
要素観からの脱却………………………………………… 180
全体による部分の規定…………………………………… 184
群化の法則………………………………………………… 184
過去経験の効果…………………………………………… 190
現象学的方法……………………………………………… 192
◆参 考 図 書……………………………………………… 197

第11章　行 動 主 義　　201

ソーンダイクの問題箱実験……………………………… 202
パヴロフの研究…………………………………………… 202
ワトソンの行動主義宣言………………………………… 204
ワトソンの主張…………………………………………… 206
◆参 考 図 書……………………………………………… 212

第12章　新行動主義　　213

- トールマンの立場 …………………………………… 214
- ハルの立場 …………………………………………… 218
- スキナーの立場 ……………………………………… 222
- ◆参 考 図 書 …………………………………………… 227

第13章　認知心理学　　229

- 認知心理学とは ……………………………………… 230
- 認知心理学の背景 …………………………………… 230
- 認知心理学への道 …………………………………… 234
- 認知心理学の展開 …………………………………… 240
- ◆参 考 図 書 …………………………………………… 244

第14章　日本における心理学の導入と発展　　251

- 導 入 期 ……………………………………………… 252
- 発 展 期 ……………………………………………… 256
- 心理検査の導入 ……………………………………… 260
- 精神分析学の導入 …………………………………… 262
- ゲシュタルト心理学の導入 ………………………… 268
- 比較心理学と行動主義の導入 ……………………… 272
- ◆参 考 図 書 …………………………………………… 276

心理学関連重要文献年表 ………………………………… 277
引 用 文 献 ………………………………………………… 283
人 名 索 引 ………………………………………………… 299
事 項 索 引 ………………………………………………… 304
著 者 紹 介 ………………………………………………… 310

心理学史の展望

エビングハウス（Hermann Ebbinghaus, 第6章参照）は彼の著『心理学要論（*Abriss der Psychologie*)』（1908年）の冒頭において,「心理学の過去は長いが, その歴史は短い」と述べている。もちろん, それから100年以上も経っているわけであるが, それでも心理学が独立した学問と認められてから約130年にすぎず, 現在でもその歴史は比較的短いといえる。しかし, 人の心に対する心理学的な考察は2,000年以上も前から哲学者, 科学者, 医学者らによって行われてきたのである。

心理学の起源

　心理学という語はいつ頃から使われるようになったのだろうか。日本語の心理学は明治の初頭に西欧からの学問の導入に伴ってはじめて使われるようになったものである（図1-1，第14章参照）。心理学に相当する英語はpsychologyで，その語源はギリシャ語のpsychē（心；プシュケー）とlogos（学問；ロゴス）にあり，それらが合わさって成っている。ラテン語の文献にpsychologiaの語が現れるのは，16世紀末で，ルドルフ・ゲーケル（Rudolf Goekel）とオットー・カスマン（Otto Casmann）によってそれぞれ1590年と1594年に用いられている。さらに16世紀はじめにこの語がすでに用いられていたという報告もある。独立した著書としてはヴォルフ（Christian Wolff）によって1732年に著された『経験的心理学（*Psychologia Empirica*）』が最初といわれる（今田，1962）（図1-2参照）。

　しばしば1879年を心理学の独立の年とされる。これはヴント（Wilhelm Wundt）がドイツのライプチヒ大学に大学公認の心理学実験室をもった年である（第5章参照）。それまでは，哲学や自然科学や医学の一部として心理学的研究や教育がなされていた。心理学のみを教える教授の地位もなければ，心理学を教育する専門の課程もなかった。

　しかし，心理学の独立はヴント個人の力のみによってなされたわけではない。それまでに種々の分野の人々によってなされてきた心理学的研究の成果が蓄積され，それらの成果が体系化される素地がつくられていた。その頃には心理学が独立する機運が高まっていたのである。それはどのような経過を経たものであろうか。

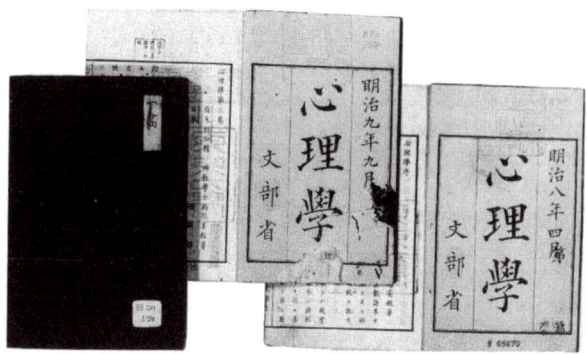

図1-1　西　周(あまね)(訳)『心理学』(1875〜76年)
(東京大学総合図書館蔵)(佐藤・溝口，1997)

図1-2　ヴォルフの『経験的心理学』の表紙(苧阪，2000)

心理学史の概観

　本章で後述するように心理学的思想は古代ギリシャ時代に始まる。しかし，はじめて心理学的問題を体系的に論じたのは18世紀から19世紀半ばまでにイギリスの経験論哲学者によって提唱された連合主義の心理学であった（第2章参照）。一方，主として自然科学者によって17世紀から19世紀にかけて研究されてきた感覚と知覚の研究の成果は心理学の独立に大いに役立っている。感覚と知覚は人間の意識の大きな部分を占めるとともに，人間が外界から知識や情報を得る窓口としても重要である（第3章参照）。

　この感覚を精神過程の重要な側面として，物理的，身体的過程との対応を数量的に探究しようとしたドイツのフェヒナー（Gustav Theodor Fechner）によって1860年に精神物理学という独特な学問が提案される。彼の独自の学説そのものよりは，彼の用いた実験法，数量的方法が，その後の心理学の発展に大きく貢献することとなる（第4章参照）。

　心理学を独立した学問とすることに大いに貢献したヴントは，心理学の研究対象を「意識」であると規定した。これは一方では心理学を経験科学として，単なる思弁を排除する努力の現れであるとともに，他方で心理学を，万人共通の経験から出発する自然科学とは区別している。彼は，実験的に設定された条件下において自分自身で意識を観察する実験的内観法を提唱し，意識を心的要素に分解することを試みた（第5章参照）。19世紀末には，心理学を育てあげていこうとする努力が，ヴントのみならず多くの学者によりさまざまな立場でなされていた。ヴントの養成した若い心理学者たちは，ヨーロッパだけでなくアメリカでも活躍し始

Topic 心理学史を学ぶために

心理学史を学ぶ上でとくに注意したいのは以下の諸点である。

1. 時代精神との関係

心理学は常にその時代の人間観, 社会思想, 科学思想と無縁ではない。その考え方がいかなる時代背景のもとに生まれたかを常に注意する必要がある。

2. 現代の心理学への影響

心理学史を学ぶ大きな目的は, 現代の心理学をよりよく理解するためである。心理学史を知ると現代の心理学がなぜこのような姿をしているかがわかる。さらに今後の心理学の発展と変化にもよりよく対処できるであろう。

3. 心理学の対象

心理学史の流れを規定している大きな要因は, 心理学の対象の変遷である。初期には「心」を思弁的に実体としてとらえていたが, ヴントは経験できることがらだけを対象とする立場から, 少なくとも当人は直接に経験できる「意識」を心理学の対象とした。これに対し, その後のワトソンは意識は主観的だとしてこれを排除し, 客観的に観察できる「行動」を心理学の対象とすることを主張した。

4. 心理学の方法

研究方法の変遷も心理学史の大きな流れを規定するもう一つの要因である。思弁から観察へ, 日常観察から実験的観察へ, 主観から客観へ, 定性から定量へと方法が変遷してきている。

(p.7へ続く。)

め，我が国でも心理学の研究と教育が始まった（第6，14章参照）。

1859年に発表されたダーウィン（Charles Darwin）の進化論（『種の起原』）は心理学にも大きな影響を与えた。その一つの現れが，動物と人間を心理学的に比較しようとする試みである。こうして19世紀末に比較心理学が発足した。比較心理学は20世紀に大いに発展する（第7章参照）。進化論のもう一つの影響は，個人差の研究である。進化論は生物における個体間の変異に注目したが，人間の個人差については19世紀後半におけるゴールトン（Francis Galton）により人間の才能の遺伝が研究され，20世紀初頭にはビネ（Alfred Binet）により知能の個人差を測る知能検査が考案された（第8章参照）。

20世紀初頭には，19世紀の心理学，とくにヴントのそれとは大いに異なった3つの新しい立場が生まれる。その一つがフロイト（Sigmund Freud）によって創設された精神分析学である。精神分析学は行動の動因としての無意識の心的活動を重視し，自我の構造や防衛機制について独自の理論を展開した（第9章参照）。第2はドイツで生まれたゲシュタルト心理学である。ヴントらの要素観を徹底的に批判して全体観を主張し，知覚，記憶，思考，情意行動の研究に新たな発展をうながした。のちに多くのゲシュタルト心理学者がアメリカに移住してアメリカの心理学に大きな影響を与えるとともに，我が国にも大きな影響を与えた（第10，14章参照）。第3はアメリカのワトソン（John B. Watson）の行動主義である。彼は心理学を自然科学の一部門と規定し，意識は主観的な事柄であるから科学の対象とはなりえず，誰でも観察できる「行動」を心理学の対象とすべきであるとして，人間と動物

(p.5より続く。)

5. 心身関係

精神過程を身体の生理過程とどのように関係させるかは，常に心理学者の課題であった。それゆえ，生理学の発達は，心理学の発展に大きく関与している。

6. 生得説と経験説

人間の心理的能力や傾向が，生まれながらのものか，生後の経験によるものかも，常に心理学の大きな課題であった。この2つの立場は心理学史上，「生得説」と「経験説」とよばれ，常に対立し，心理学はその間を揺れ動きながら現在に至っている。

なお本書では心理学の経験説と哲学上の経験論とは，それぞれ「説」と「論」とよんで区別する。

の行動を共通の枠組みでとらえようとした（第11章参照）。

20世紀の中頃になると，行動主義では排除されていた刺激と反応の間に介在する過程や人や動物の能動的な働きを重視する<u>新行動主義</u>がアメリカを中心に盛んになる（第12章参照）。しかし，1960年代終わりから，新行動主義にあきたらない心理学者たちが外界から与えられる情報を受けとる人の能動的働きを重視し，またコンピュータ科学の影響を受けて，人間を情報処理過程とみなす<u>認知心理学</u>が起こり，今日に至っている（第13章参照）。

西欧で発達した心理学への我が国への導入は明治維新以後であり，その組織的導入は1888年の東京大学における元良勇次郎の講義に始まる。それから1945年の第2次世界大戦終了までの間の事情については第14章で述べられる。

● 古代ギリシャの心理学的思想

自然哲学者たち

古代ギリシャの哲学者たちは，「心」の問題を取りあげる前に，まず，自然の成立ちに関する自然哲学的問題を提起した。タレス（Thales）は，それは「水」であるといい，アナクシメネス（Anaximenes）は「空気」であるといい，ヘラクレイトス（Heracleitos）は「火」であるというが，エンペドクレス（Empedocles, B.C. 490頃-430頃）は自然の根元は1つでなく4つであるとし，上記のものに「土」を加えて土水風火が自然界を構成する4つの「根」（元素）であると主張した（山本，1972）。

これらギリシャの自然哲学者たちは，それまでの神話的説明に代わる自然界の説明を試みた。これが，やがて科学を育むことになる西欧的合理主義の始まりともいえる。

表1-1 心理学の系譜

	哲学	科学	生得説	経験説
古代	プラトン　ヒッポクラテス　アリストテレス　　　　　　　アウグスティヌス	ガレノス	プラトン　アリストテレス　ヒッポクラテス　ガレノス	
中世	トマス・アクィナス			
17世紀	デカルト　ホッブス　ロック	ニュートン	デカルト	ホッブス　ロック
18世紀	ライプニッツ　バークリー　ヒューム　ハートリー　カント		ライプニッツ　　　　　　　　　　　　　　カント	バークリー　ヒューム　ハートリー
19世紀		ダーウィン　フェヒナー　ドンデルス　ヘルムホルツ　ゴールトン	ダーウィン　フェヒナー　　　　　　　　ゴールトン	ヘルムホルツ
19世紀	心理学　ヴント　エビングハウス	モーガン		ヴント　エビングハウス　モーガン
20世紀	ソーンダイク　　　　　　　　　　　ウェルトハイマー　ワトソン　ケーラー　スキナー　認知心理学	パヴロフ　フロイト	ウェルトハイマー　ケーラー　　　　　　　認知心理学	ソーンダイク　パヴロフ　フロイト　　　　　　　ワトソン　　　　　　　スキナー

古代ギリシャの心理学的思想

医学思想の影響

医学の祖といわれたヒッポクラテス（Hippocrates, B.C. 460頃-370頃）（図1-3）は，エンペドクレスの「4つの根」の説を受けて，身体を構成する4つの体液（血液，粘液，黒胆汁，黄胆汁）をあげた（『人間の自然性について』）。彼を継承したガレノス（Galenos, 130頃-200頃）はこれに対応する精神的傾向として，多血質，粘液質，憂鬱質，胆汁質という4つの気質を区別した（表1-2）。このような考えはのちの心理学における**性格類型**の考えに大きな影響をおよぼしている（第8章参照）。

また，ヒッポクラテスは，「呼吸」ないし「精気」を「心」の働きの担い手とする精気説を採ったが，これはのちのデカルトのいう動物精気という考えの原型であると考えられる。

プラトン

ソクラテス（Socrates, B.C. 470/69-399）に学び，のちにアカデメイアとよばれる学問の府を開いたプラトン（Platon, B.C. 427-347）（p.13 図1-4）は，経験的世界に対する数の完全性と調和を強調するピュタゴラス派の影響を受け，感覚を通して知る経験的世界のすべてが純粋な「イデア」の不完全な現れにすぎないと考えた。たとえばイデアにおいては四辺がまったく等しく，直角の内角をもつ完全な正方形が存在するが，知覚される描かれた正方形は完全なものではない。プラトンによると，不滅な霊魂が人間の肉体に入る前にイデアはすでに存在して，感覚を手がかりとしてそれが「想起」されるという。また学習とはすでにある知識の想起であるとした（『パイドン』）。

プラトンは「心」を理性と心情と欲望に三分し（『国家』），それぞれ身体の頭部，胸部，腹部に位置するとした（『ティマイオ

図1-3　ヒッポクラテス（Hippocrates, B.C. 460頃-370頃）

表1-2　ガレノスの4気質説（詫摩，2003）

気　質	対応する体液	性格の特徴
多血質	血　液	快活，明朗，気が変わりやすい，深みがない，世話好き
胆汁質	胆　汁	せっかち，短気，積極的，意志が強い，興奮しやすい
憂うつ質	黒胆汁	用心深い，苦労性，消極的，敏感，無口，悲観的，気が重い
粘液質	粘　液	冷静，冷淡，勤勉，感情の変化が少ない，沈着，粘り強い

古代ギリシャの心理学的思想

ス』)。プラトンの場合には，理性の主導性と統制力を強調しつつも，これらの諸部分がしばしば「葛藤」に陥ることを認めている点で，のちのフロイトの説や動的心理学の先駆ともいえる(『国家』)。

　プラトンの立場は，人間がはじめから理性をもって生まれてくることを強調する点で生得説的であり，肉体を離れた霊魂の不滅性を強調する点で二元論的である。

アリストテレス

　アリストテレス (Aristotelēs, B.C. 384-322) (図1-4) は，若いときにアカデメイアでプラトンに師事したが，多くの学問に通じ，その説はプラトンとはかなり違っている。その心理学的考察は主として『心について』(『霊魂論』，ラテン名の『デ・アニマ』でも知られている) と『自然学小論集』とに収められている。前者は「心」についての基礎的体系的な叙述であり，後者は個別問題に関する各論的な叙述で，「感覚」「記憶と想起」「眠り」「夢」などの問題が取り扱われている。ここで「心」あるいは「霊魂」と訳されている語のギリシャ語の原語は「プシュケー」であり，アリストテレスはプシュケーを生命の働きと考え，身体から離れた「霊魂」とは考えていない。

　プラトンが自然の感性的経験と理性とを峻別したのに対して，アリストテレスは自然の観察と知識とを不可分のものと考えた。「心」について生得説的な立場を取るプラトンに対して，彼の立場は経験説的であり，「心」と「身体」との関係についても，プラトンが前者の絶対的優位を強調したのに対して，アリストテレスは両者を不可分なものと考えた。

　アリストテレスは，「心」(プシュケー) を「生命」を付与する

図1-4 プラトン（左）とアリストテレス（右）
（ラファエロ画『アテナイの学堂』の一部）

原理と考え，すべての生物は「心」をもっているとした。彼によると，「心」には3つの段階があり，第1は植物的な「心」であり，もっぱら栄養や生殖を司る。第2は動物的な「心」で，上記の働きの他に感覚や運動を司る。感覚には快と苦が備わり，動物が快を求める欲求をもつ。第3は人間のみに備わる「心」で，上記のすべての他に思考の働きを司っている。このように彼のいう概念は，生物全体に関係しており，また，植物・動物・人間にまたがる階層を形成している。

彼は感覚は視覚・聴覚・嗅覚・味覚・触覚より成るとし，外界の知識はこの五感を通じて与えられると考えた。これが**五感**（five senses）の語の起源である。それぞれの感覚はそれぞれの媒体の作用によって発生する。たとえば，視覚はその対象によって引き起こされた光の作用によって生じ，聴覚と嗅覚は空気の運動によって生じるとした。

プラトンが感覚を軽視したのに対して，アリストテレスはそれを外界の正確な表象を与えてくれるものと考えていたようである。ただ，個々の感覚を通じて得られた経験は個別的な知識を与えるにすぎず，それらの感覚を統合した知識が対象を認識する手がかりを与える。そうした複数の感覚を統合する働きを共通感覚とし，運動，静止，形，大きさ，数をその例とした。人間を含むわずかな動物は心的表象をもち，心的表象は感覚と異なり，誤りも生じさせる。心の最高の働きは理性であり，人は理性によって思考し判断すると考えられた。

プラトンと異なり，アリストテレスは記憶を過去の経験の結果であると考える。記憶を想起と区別して，記憶はいわば過去に経験したことが蓄積された状態であり，想起はそれが思い起こされ

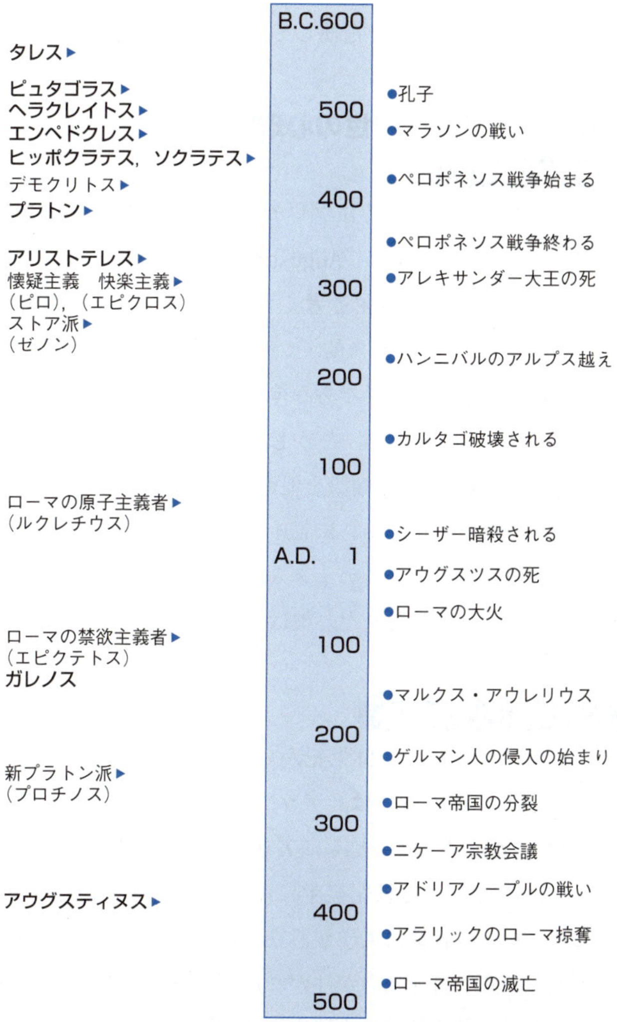

思想家	年代	出来事
	B.C.600	
タレス ▶		
ピュタゴラス ▶		●孔子
ヘラクレイトス ▶	500	
エンペドクレス ▶		●マラソンの戦い
ヒッポクラテス, ソクラテス ▶		
デモクリトス ▶		●ペロポネソス戦争始まる
プラトン ▶	400	
		●ペロポネソス戦争終わる
アリストテレス ▶		
懐疑主義　快楽主義 ▶	300	●アレキサンダー大王の死
(ピロ), (エピクロス)		
ストア派 ▶		
(ゼノン)		
	200	●ハンニバルのアルプス越え
		●カルタゴ破壊される
	100	
ローマの原子主義者 ▶		
(ルクレチウス)		●シーザー暗殺される
	A.D. 1	●アウグツスの死
		●ローマの大火
ローマの禁欲主義者 ▶	100	
(エピクテトス)		
ガレノス		
		●マルクス・アウレリウス
	200	●ゲルマン人の侵入の始まり
新プラトン派 ▶		
(プロチノス)		●ローマ帝国の分裂
	300	●ニケーア宗教会議
		●アドリアノープルの戦い
アウグスティヌス ▶	400	●アラリックのローマ掠奪
		●ローマ帝国の滅亡
	500	

図1-5　ギリシャ時代・ローマ時代の思想家の年代図
（リーヒー，1986を改変）

古代ギリシャの心理学的思想

現実の過程ととらえ，その過程についてすでに後年のいくつかの連合法則に相当する傾向を指摘している（第2章参照）。

古代末期および中世の心理学

意識主義の始まり

新プラトン主義者，とくにプロティノス（Plotinos）の影響を受けたアウグスティヌス（Augustinus, 354-430）は，人間の「心」を肉体を越えた存在と考えた。「身体」を離れた純粋な「心」という，ピュタゴラス的・プラトン的な発想がキリスト教的観念と結びつき，全一者である神に接する近道として内省への純粋な没頭が奨励された。こうした傾向は心理学的には**内観（省）主義・意識主義**への傾斜を促進することになる。「身体」（生理過程）を考慮することなしに記述される心的経験（内観）の学としての心理学はアウグスティヌスに始まり，キリスト教の時代を通じて広く受け入れられた。彼は『告白録』を著している（今田, 1962）。

スコラ哲学と大学の普及

長い暗黒時代を経て，11世紀から13世紀にかけて行われた数次にわたる十字軍の遠征は，アラブ社会に継承されていたギリシャ文化（Topic参照），とくにアリストテレスとの接触を西欧社会にもたらした。12世紀後半になると，教会や王侯の援助のもとにヨーロッパ各地に大学が設立された。当初は神学のような宗教的色彩の濃い研究に力が注がれたが，やがて法律・医学をはじめ，その他の学問領域にも研究の場が提供されるようになった。アリストテレスの著作も西欧キリスト教社会に紹介され，アリストテレスの説を変容してキリスト教神学と統合しようとする努力

Topic　イスラムの台頭とギリシャ文化

　アウグスティヌスの死後，やがてヨーロッパはいわゆる暗黒時代の中世に入るが，その間，西欧においてすでに破壊され失われた古代の文化的遺産はイスラム圏のアラブの学者たちの手によって保存され，利用され，発展させられた。

　中でもアヴィセンナ（Avicenna，アラビア名イブン・シナ（Ibn Sīna），980-1037；図1-6）はギリシャの医学や哲学に通じ，アリストテレスの注解も著し，その著『医学正典』はヨーロッパの大学で長く使用されたという。またアルハーゼン（Alhazen，965-1038）は『視覚論』を著し，視覚を光学と感覚論の立場から論じた。

図1-6　**アヴィセンナ（イブン・シナ）**
　（Avicenna（Ibn Sīna），980-1037）

古代末期および中世の心理学

が試みられた。**スコラ哲学**はその試みの現れともいえる。スコラ哲学の代表的な学者，トマス・アクィナス（Thomas Aquinas, 1225-74）は『神学大全』などの著作を著し，キリスト教の教義とアリストテレスの思想との統合を試み，信仰と理性との両立を主張した。

●●●● 参考図書

今田　恵（1962）．心理学史　岩波書店
リーヒ，T. H.　宇津木　保（訳）（1986）．心理学史――心理学的思想の主な潮流――　誠信書房
　（Leahey, T. H.（1980）. *A history of psychology : Main currents in psychological thought.* Prentice-Hall.）
梅本堯夫・大山　正（編著）（1994）．心理学史への招待――現代心理学の背景――　サイエンス社
　以上は心理学史全般の参考書として適当である。
ブラック，R. S.　内山勝利（訳）（1992）．プラトン入門　岩波文庫33-678-1　岩波書店
藤沢令夫（1998）．プラトンの哲学　岩波新書537　岩波書店
　これらは，プラトンの入門書としてわかりよい。
アリストテレス　桑子敏雄（訳）（1999）．心とは何か　講談社学術文庫　講談社
アリストテレス　副島民雄（訳）（1943）．アリストテレス全集　9巻　心理学2（小論集）　河出書房
　これらは，アリストテレスの原著の翻訳である。

連合主義

「連合主義」(associationism)とは,観念と観念,感覚と観念などの間の結びつきを,多くの心理現象の基礎と考える心理学の理論的立場をいう。「連合心理学」(association psychology)ともよばれる。主として18世紀から19世紀前半にかけてイギリスを中心として盛んであった。

「連合」とは連想とほぼ同じことである。日常われわれは,電光を見て雷を連想し,夏を思って暑さを想起し,A君のことを考えてA君と親しいBさんを思う。これが連想である。これらは,感覚と観念,観念と観念,などの間の連合の例である。

ギリシャ時代

連合についての考察は、ギリシャ時代に遡ることができる。プラトン（第1章参照）は、『パイドン』の中で恋をしている人は恋人がいつも用いている竪琴や衣裳を見るときに恋人のことを思う、という話を人の回想作用の例としてあげている。またアリストテレス（第1章参照）は、『自然学小論集』において記憶と回想を取り扱い、そこで連合の問題に論及している。『連合心理学史（*A History of the Association Psychology*）』（1921年）を著したワレン（H. C. Warren）はアリストテレスの連合説に対する貢献として次の4点をあげている。

1. 認識的経験の順序は単なる偶然ではなく、自然的連合というきまった過程によって営まれること。
2. 習慣が連合を規定する重要な因子であることを認めたこと。
3. 連合の原理として類似、反対、接近の3つの原理を考えたこと。
4. 意図的思考にも自然な思考の流れにも同じ法則が働くことを主張したこと。

このワレンの指摘のように、アリストテレスにおいても連合が人の思考や認識の重要な基礎として考えられていた。

この連合の概念は、18世紀のイギリスの経験論哲学者によって組織的に論じられることになるが、その前に近世思想の基をつくり、その後の心理学の発展にも大いに影響を与えた17世紀の思想について述べる。

ホッブス

デカルト（Topic参照）とほぼ同時代にイギリスのホッブス（ホッブズともいう）（Thomas Hobbes, 1588-1679）によって、

Topic デカルトの心身二元論

　哲学者として「我思う故に我あり」(『方法序説』)の有名な言葉で知られ，数学者として解析幾何学を開発したフランスのデカルト (René Descartes, 1596-1650：図2-1) は17世紀の偉大な思想家である。彼は精神と物質，「心」と「身体」を峻別する点では，アリストテレスよりもプラトンの伝統を引いている。思惟を本質的属性とする精神と延長を本質的属性とする物質とを峻別する心身二元論として知られている。彼は人の身体を自動機械とみなし，その視点から，反射運動を次のように説明している(『人間論』)。たとえば，図2-2のように足に火が近づくと，神経の中を通っている細糸(髄)が引っ張られ，その細糸が脳まで続いていて，細糸の端が脳の空室の穴を開く，その結果，脳の空室の中の「動物精気」とよばれるものが管の形をした神経の中を通って足や頭や目の筋肉に伝わり，足を引っ込めさせたり頭と目を火のほうに向けさせたりするというのである。後年に至り条件反射研究で著名なパヴロフ (1937)(第11章参照)が，反射研究の先駆者としてデカルトに敬意を表している。

　デカルトは，人の身体は自動機械であるが，人の心は身体に拘束されないで，「神」などのいくつかの観念をもって生まれてくると考えた(『情念論』)。連合主義とは異なる生得説の立場である。

図2-1　デカルト (René Descartes, 1596-1650)

図2-2　反射運動 (Descartes, 1662)

のちの連合主義の思想の基礎が主張された。彼は，ガリレオ・ガリレイの物理学の影響を受けて，運動を中心とする唯物論的機械観の立場に立っていた。彼は，すべての精神作用は究極において「感覚」に還元されると考え，感覚は，外から感覚器官に与えられる運動（物理的刺激）が身体の中枢に達し，それに対して中枢から起こる反応運動であるとした。

ホッブスは，その著『リヴァイアサン（*Leviathan*）』（1651年）の中で次のように述べている。

「人が，どのようなことについてでも考えるときには，そのあとに来る次の考えは，一般的に考えられるほど，まったく偶然的に起こるものではない。どんな考えでもが，どんな考えにでもつづいて，無差別に起こるものではない。われわれが以前に，全体的にか部分的にか，感覚をもったことのないものについて，心像を浮べることができないように，一つの心像から次の心像への推移も，前に感覚上同じ推移をもったことがなければ起こらない。その理由は，すべての心像は，われわれの心の中に起こった運動，即ち感覚において起こった運動の余波である。……」
（『リヴァイアサン』第1部第3章。今田　恵『心理学史』（1962年）による）

ここには，心像ないし観念が感覚が残す余波，すなわち感覚の運動が残した小運動であるとする考え，そして心像の継起は感覚の継起に従うとするのちの連合主義の思想がすでに明確に述べられている。

ペトラルカ，ボッカチオ ▶	1300	●ペストの流行
フィレンツェの繁栄 ▶		
中世の科学 ▶		
	1400	
コペルニクス ▶		●エラスムス
レオナルド ▶		●コロンブスのアメリカ到達
	1500	
		●ルターの宗教改革
フランシス・ベーコン ▶	1600	●ブルノーの異端と焚刑
ガリレオ・ガリレイ ▶		
ハーヴェイの血液循環の発見 ▶		
デカルトの『方法序説』▶		
ホッブスの『リヴァイアサン』▶		●ルイ14世の治世始まる
パスカル ▶		
スピノザ ▶		●英国の名誉革命
ライプニッツ ▶		●バッハ，ヘンデル生まれる
ロック ▶	1700	
ニュートン ▶		●最後の魔女裁判
バークリー ▶		
ヒューム ▶		●フリードリッヒ大王の治世
ラメトリー ▶		
ハートリー ▶		●モーツァルト生まれる
リード ▶		
コンディヤック ▶		●ベートーベン生まれる
カント ▶		●フリードリッヒ大王の死
		●フランス革命
ゲーテ ▶	1800	

図2-3　14世紀から18世紀までの思想家の年表図
（梅本，1994を改変）

ロック

　連合主義はあくまで心理学上の一つの重要な立場をさしているが，この心理学上の連合主義はイギリス経験論哲学の思想的背景の上に成り立っているものである。このイギリス経験論哲学を確立し，心理学上の連合主義の基礎を築いたのがロック（John Locke, 1632-1704）である（図2-4）。彼はヨーロッパの啓蒙思想の先駆者として知られている。啓蒙思想とはものごとを宗教的束縛から離れて，科学的知識にもとづき，人間の立場から，批判的にみようとする立場である。

　彼はその主著『人間知性論（*An Essay concerning Human Understanding*）』（1690年）において，この立場から人間のもつ知識と認識作用について探究している。彼はまず人間が生まれながらにもっている観念すなわち「生得観念」（innate idea）というものはないとして，すべての観念は生まれてから得たものであるとした（Topic参照）。これは，生まれながらの人の心は「白紙，white paper」にたとえられるとするタブラ・ラサ（tabula rasa）（何も刻みつけられていない書板の意）の思想としてよく知られている。この考え方は，心理学上も，「生得説」と「経験説」の対立における経験説に思想的基礎を与えるものとして重要である。

　それでは，われわれ人間が現在もっている膨大な知識はどこからきたのだろうか。それは「経験」（experience）によるとロックはいう。そしてその経験は，「感覚」（sensation）と「反省」（reflection）により成るとされる。感覚は外的対象から伝えられたものであり，反省は心の内的作用であるという。彼は，このように，経験に受動的側面だけでなく，能動的側面をも認めている点に注目すべきである。

Topic ロックと生得観念の否定

図2-4 **ロック**(John Locke, 1632-1704)

『人間知性論』「第1巻,第1章,1」より

「知性には,いくつかの生得的な原理,原初的な考え,共通思念,人間の心に刻印された文字があって,魂がそもそも生じたはじめにこれをうけとって,この世にたずさえてくるというのは,ある人びとのあいだでは,確立した説である。この想定が虚偽であることは,もし私が,人びとが生得的に刻印されたもののたすけをすこしもかりなくても,単に自分たちの自然の能力を用いるだけで,その人びとが持つすべての知識に到達できることを示しさえすれば,偏見にとらわれない読者はすぐ納得するであろう(この論説の以下の部分では,そのことを示そうと思う)。」(大山,1974)

そして，この「感覚」と「反省」によって，人間の心の中にさまざまな「観念」（idea）が生じるとした。観念の例として，彼は白さ，硬さ，甘さ，思考，運動，人間，象，集団，酔いなどをあげ，ことばに表せられるすべてが観念であるとした。その観念は「簡単観念」（simple idea）とそれらの簡単観念から心の作用によりつくられる「複合観念」（complex idea）に分類できるという。

　しかし，連合主義の中心概念となる「連合」自体については，ロックは『人間知性論』の第4版（1700年）ではじめて，例外的な観念の結合に関連して述べているにすぎない。すなわち，第4版において，第2巻「観念について」の最後に第33章として「観念の連合について」を加えている。ここでは，本来子どもの心にはなかったはずの暗闇と魔霊の結びつきが，幼時に大人から教え込まれ，一生忘れなくなる例，学校で受けた苦痛のため書物嫌いになる例，ある部屋で偶然経験したことのためにその部屋に特殊な感情をもつようになる例などをあげている。ここでは，偶然などによる不自然な観念の結びつきのみを観念の連合とよんでいる。むしろ，今日の心理学でいう恐怖条件づけに近いものである（第11章参照）。

　以上のように，ロックはまだ連合主義の心理学を体系的に主張したとはいえないが，その後，連合主義の心理学が展開していくための思想的基盤を準備し，「観念」を心の働きの基礎と考え，観念の「連合」についても局限的ではあるが言及している点から，連合主義の心理学の成立のために重要な貢献をした人といえる（Topic参照）。

Topic　モリヌークスの疑問

　ロックは,『人間知性論（第2版）』の中でその後の心理学で長く論議される重要な問題を提起している。それは**モリヌークスの疑問**（Molyneux's question）とよばれるものである。生まれつきの盲人が立方体と球体を触覚で区別することを学んだのち,目が見えるようになったとしたときに,手で触れずに,目だけでどちらが立方体か球体か言いあてることができるかという問題である。これはロックがモリヌークスと手紙によって論じ合ったものである。ロックもモリヌークスもこの問いに対して,その人は目だけでは見分けられないと答えている。その人はまだ立方体と球体の触覚に対応した視覚の経験をもっていないからである。

　この問いはまったく想像上の問題であったが,実際に開眼手術を受けた先天性盲人がいかなる経験をするかについての科学的課題を提起したものであり,この問題に関する現代の実証的研究につながっている（鳥居,1990；鳥居・望月,1992,1997）。

🔵 バークリー

聖職者としてキリスト教の立場を擁護しつつ,経験論の立場に立って,独自の哲学を展開したバークリー(バークリともよばれる)(George Berkeley, 1685-1753)は,『視覚新論(*An Essay towards a New Theory of Vision*)』(1709年)を著し,連合主義の立場から知覚の問題を論じた(図2-5)。これは「在るとは知覚されていることである」という彼の哲学的主張にもとづいて記されたものであるが,その後の知覚の心理学的研究に大いに影響を与えている。

彼は『視覚新論』の第1ページにおいて「距離が,それ自体としては,そしてまた直接的には,見ることができないものであるということについては,誰もが同意するであろう。距離は,端点を眼にまっすぐ向けた直線であるから,それは眼底に,ただ1点をしか投影しない。その1点は,距離が長かろうと短かろうと,全く不変である」(第2節,下條他訳,1990)。さらに「……すなわち,かなり遠くに離れている諸対象の距離について,我々が行う判定は,感官の作用であるよりも,むしろ経験に基づく判断のはたらきである。……」(第3節,同上)と述べている。

このように,奥行き距離自体は直接見ることができず,両眼の回転(今日の心理学でいう輻輳),ぼやけた見え,眼の緊張(調節),介在物などの観念との結合によって成立すると考えた。その後の心理学でいう奥行きの手がかりに相当する(図2-6)。そして彼は,視覚によってある距離を見るというのは,一定の歩行運動をしたときに(それは触覚により知覚される)ある触覚的観点を知覚するだろうことを示唆する(第45節)と主張する。視覚を触覚との連合によって説いたものであろう。

図2-5 バークリー（George Berkeley, 1685-1753）

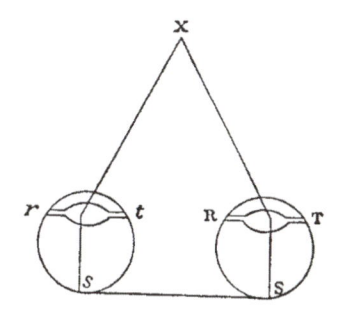

図2-6 『視覚新論』挿絵（デカルト『屈折光学』からの引用）
目の輻輳角を盲人が持つ2本の棒のなす角にたとえている。

彼は，ロックが取りあげたモリヌークスの疑問についても多くの節で論じ，開眼者は触覚と視覚の習慣的な連合を獲得していないので，眼で見ただけでは球と立方体の区別はできないと考えている。

　このようにバークリーの説は，空間知覚の経験説（第3章参照）として，その後の心理学に大きな影響を与えている。

● ヒューム

　ヒューム（David Hume，1711-76；図2-7）は，バークリーと異なり，キリスト教の信仰にとらわれることなく，ロックにより基礎づけられた経験論の立場に立ち，ニュートンによって代表される近代科学の方法を用いて，人間の本性に迫った。その主著『人性論（*Treatise on Human Nature*）』（1739〜40年）において，その成果を述べている。彼は，自然科学者が外界の事象を観察するのと同様に，何らの仮説的前提なしに，意識的経験を観察した。

　その結果，経験は「印象」（impression）と「観念」（idea）より成り，印象は感覚，情念，情緒であり，観念は印象の淡い模写であるとした。したがって，すべての観念は印象にもとづいている。観念の結合に関してもロックのように心の能動的作用を認めず，観念の連合は観念自体の性質により，あたかも自然界において引力により物体が引き合うのと同様に，観念どうしが引き合うと考える。

　そして，その観念の連合の法則として，「類似」（resemblance），時間または空間の「近接」（contiguity），「因果」（cause and effect）をあげた。ただし「因果」は習慣的「近接」に帰着されるとした。彼はこの連合の法則をニュートンの引力の法則に比すべ

図2-7 ヒューム (David Hume, 1711-76)

きものと考えたのであろう。

ヒュームは，ロックよりさらに徹底した経験論の立場に立ち，連合の法則を定立した点において連合主義の歴史の中で重要な地位を占めている。

● ハートリー

ハートリー（David Hartley, 1705-57；図2-8）はヒュームと同時代の人で，医師を業としつつ，学問的研究を行った。彼の主著『人間の観察（*Observation on Man, His Frame, His Duty, and His Expectation*）』（1749年）において，連合について体系的に論じるとともに，その生理的基礎について考察した。

彼は，ニュートンから振動の観念を借り，感覚は神経を伝わり大脳に達した「振動」に対応すると考え，その振動が残す「微振動」が観念に対応するとした。そして「すべてA，B，C等の感覚は，十分な回数互いに連合されることによって，それに対応する観念a，b，c等に対し，どれか一つの感覚Aが印象づけられた時，心の中にb，c等の他の観念をよび起こす力を得る」（命題X, 今田 恵（1962）による）と述べ，さらにそれを振動と微振動間の生理的法則によって基礎づけようと試みた（図2-9）。

もちろん，当時の生理学においてはこれを実証する手段はなく，振動とか微振動といってもまったく仮想のものにすぎなかったが，心の中の観念の連合は何らかの身体の生理的過程に対応していると考えたこと自体が大きな進歩であった。

またハートリーは，観念のみならず身体運動にまでこの連合の考えを拡張しているが，感覚と運動の連合は後世の行動主義（第11章参照）における「刺激―反応結合」の先駆ともいえよう。

図2-8 ハートリー（David Hartley, 1705-57）

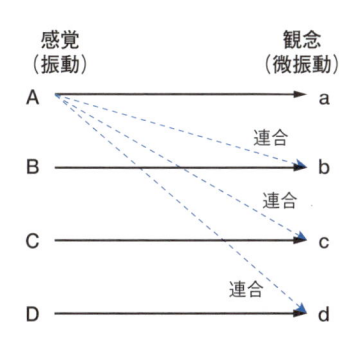

図2-9 ハートリーの生理仮説

またハートリーにおいては，連合の法則として時間的接近のみが取りあげられた。その際，その反復の頻度についても言及されたことに注目すべきである。

19世紀における連合主義

19世紀に至ると，連合主義の心理学は完成期に達する。すでに18世紀において，基礎が築かれていた連合の原理がより整備され，体系化され，適用される範囲が拡がっていく。18世紀にあっては哲学的考察の一部として発達してきた心理学が次第に独立した学問体系となっていくとともに，生理学と生物学（とくに進化論）の影響を受けるようになる。連合主義の心理学もその道をたどるが，19世紀後半において独立した実験科学としてのヴントらの心理学（第5章参照）にバトンをわたすことになる。連合主義心理学の成果は，新たな実験心理学の体系の中に吸収されていく（今田，1962；Warren，1921）。

まずブラウン（Thomas Brown, 1778-1820）はその主著『人間の心の哲学に関する講義（*Lectures on the Philosophy of the Human Mind*）』（1820年）において，生理学過程を想定することなく，純意識的水準において学説を展開した。また彼は連合という語を避け，「示唆」（suggestion）という語を用いている点も他の連合主義者と異なるが，その本質は連合主義である。ワレンが指摘しているように，ブラウンの連合学説への最大の貢献は，彼が2次的連合法則を定式化したところにあろう。2次的連合法則とは類似，接近などの1次的連合法則（ブラウンは「反対」も連合法則に加えている）の働き方を規定している法則である。原感覚の持続時間，鮮明度（liveliness），頻度，近時性など9項目が2次

Topic　トーマス・ブラウンの2次的連合法則

1. 原感覚の相対的持続。われわれの対象にかかわることが長ければ長いほど，われわれはそれらを未来において思い出すことをより確実に期待することができる。

2. その相対的生動性。原感情が生き生きとしていればいるほど，その序列の部分はより緊密にまた安定して現れる。

3. その相対的頻繁性。原感情がしばしば繰り返されるほど，その序列の部分はより容易に示唆される。

4. その相対的近時性。数日前に起こった事件が，まったく忘れられるような場合でも，数時間前に起こった事件は思い出される。

5. それが過去において共在したものの数（すなわち選択肢）が少ないこと。われわれが過去において或る特定の個人からしか聞いたことのない歌を聞いたとき，われわれはその人を思いださないことは稀であろう。

6. 体質的相違。個人の体質的相違によって，強制される示唆の傾向の種類が違う。

7. 同一個人的における変異。朝晩などの情緒的変化によっても強制される傾向の種類が違う。

8. 一時的状態変化。たとえば酩酊，もうろう状態，不健康など。

9. 生活および思考の習慣。習慣の影響は過去の状況と異なる場合にも現れる。

（ワレン，H. C.（著）矢田部達郎（訳），『心理学史』1951年による）

的連合法則にあげられた(Topic参照)。これらは連合の強さを規定する量的な要因であり,そのうちの多くが実験的に検討し得る変数としてその後の記憶研究で扱われていることは注目に価する。

ジェームズ・ミル(James Mill, 1773-1836)は『人間精神現象の分析(*Analysis of the Phenomena of the Human Mind*)』(1829年)を著し,連合主義の立場に立って広汎な心的過程を論じている。彼は,感覚と観念を要素として,それらの連合によって抽象,想像,信念などの高次の精神作用まで説明した。彼の説は全般に機械観的色彩が強かった。

これに対して彼の長子ジョン・スチュアート・ミル(John Stuart Mill, 1806-73:図2-10)は,『自由論』や『功利論』などでも著名であるが,父の連合学説とは異なり,連合の機械観には批判的である。彼の著『論理学体系(*A System of Logic*)』(1843年)によると,連合によって生まれる複合観念は簡単観念によって構成されているものでなく,それらから生み出されるもので,簡単観念のもっていない新たな性質をもっているとした。この過程は,水素と酸素の化合によって新たに水という物質が生まれる化学的過程になぞらえられ,**心的化学**(mental chemistry)とよばれた。これと対比して父ジェームズ・ミルの連合学説を**心的機械論**(mental mechanics)とよんだ。

ベイン(Alexander Bain, 1818-1903:図2-11)は『感覚と知性(*Senses and Intellect*)』(1855年)と『情緒と意思(*The Emotions and the Will*)』(1859年)の二部作を著し,すでにドイツで発達していた神経生理学の成果を取り入れて心理学の体系を立てようとした。彼は,精神現象を感情,意思,思考に分類し,推理

図2-10　J. S. ミル
(John Stuart Mill, 1806-73)

図2-11　ベイン
(Alexander Bain, 1818-1903)

図2-12　スペンサー
(Herbert Spencer, 1820-1903)

や知識や信念などを含めた広汎な心的活動を連合に帰着させたが,ジェームズ・ミルと異なり心の能動的側面を重視した点が特徴である。ベインは『感覚と知性』において,のちにモーガンやソーンダイク(第7, 11章参照)が取り上げる「試行錯誤」(trial and error)について論じている(Bain, 1855;Boakes, 1984)。また彼は1876年に専門学術誌『マインド(*Mind*)』を創刊し,心理学の発展に貢献している。

スペンサー(Herbert Spencer, 1820-1903;図2-12)は,はじめて進化論的見解を取り入れた心理学の体系を,その著『心理学原論(*The Principles of Psychology*)』(1855年)で述べている。ただし,これはダーウィンが『種の起原』を発表する4年前であり,スペンサーの進化論はダーウィンのそれとは異なり,個体が獲得した連合の遺伝をも仮定しており,ラマルク的進化論の色彩が濃いものである。彼は,外界における事象の継起の秩序に心的状態の継起が対応するときに,「環境への適応」が生じることを指摘し,ここに連合の意義を求めた。すなわち,外界においてAの事象に続いてBの事象が起こることが多ければ,Aに対応する心の状態aに続いてBに対応する心の状態bが生じることが,環境に適応的であると考えた。またスペンサーは,進化論的立場から,心的活動を反射,本能,記憶,推理に段階づけて論じ,これらはすべて外界への適応の原理によって営まれているとした。

このスペンサーの『心理学原論』の公刊は,フェヒナー(第4章参照)が『精神物理学原論』を著す5年前のことである。心理学を思弁でなく実験データにもとづいて築く時代が近づきつつあった。

●●● 参考図書

今田　恵（1962）．心理学史　岩波書店
リーヒ，T. H. 宇津木　保（訳）（1986）．心理学史――心理学的思想の主な潮流――　誠信書房
　（Leahey, T. H. (1980). *A history of psychology : Main currents in psychological thought.* Prentice-Hall.）
ワレン，H. C. 矢田部達郎（訳）（1951）．心理学史　創元社
　（Warren, H. C. (1921). *A history of the association psychology.* C. Scribner's Sons.）
吉田正昭（1970）．連合主義　末永俊郎（編）講座心理学　第1巻　歴史と動向　東京大学出版会　pp.53-86.

　以上は連合主義の歴史の参考書として適切である。

野田又夫（1966）．デカルト　岩波新書602　岩波書店

　デカルトについて解説した入門書。

感覚・知覚研究 3

　感覚と知覚は古代ギリシャ以来，多くの人々によって考察されてきた問題である。この問題は人間の認識の基本をなすので，各時代の哲学者が論じてきた。また，光や音を扱っている物理学者にとっても，それらを受容する視覚や聴覚の問題は興味をそそられるものであった。また，感覚と知覚は，神経活動に支えられたものであり，当然，生理学者によっても大いに研究されてきた。

　これらの人々によって研究された成果は，19世紀半ばに，生理学者であり物理学者でもあったヘルムホルツ（Hermann L. F. von Helmholtz, 1821-94）らによって集大成され，新たに生まれてきた実験心理学者たちに引き継がれることになる。感覚と知覚は意識の中の主要部分を占め，心理学の重要な研究対象である。自然科学者の行ってきた感覚・知覚研究の成果と研究法は，心理学の発足にとって重要な基礎となった。

色覚の研究

われわれを囲む世界を彩る色彩は，古代より多くの人々の関心をよび，さまざまな領域の人々によって研究されてきた。これも古代ギリシャにまで遡ることができるが，色に対する組織的科学的研究はニュートン（Isaac Newton, 1642-1727；図3-1）が行ったものが最初であろう。彼がプリズムを用いて太陽光を7色に分けたことはよく知られている。さらに彼は，それら7色の光をレンズで集光すると白色に戻ることを確かめるとともに，そのうちの一部の色光の組合せのみをレンズで集光することによって，光の混合により生じる混色の現象（たとえば赤光と緑光の混合で黄が生じる）を観察している。

彼はその著『光学（*Opticks*）』（1704年）の中で，色の物理的性質とともに，色覚についても論述している。彼は，「光線には色がついていない（The Rays are not coloured）」ということばを述べ，色はあくまで感覚としてとらえている。彼は，赤い光，青い光とよぶことは不適切で，「赤をつくりだす光線（Red-making Ray）」，「青をつくりだす光線（Blue-making Ray）」とよぶべきだと述べている。これは彼が色を感覚としてとらえ，物理的存在としての光線と明確に区別したことをよく示している。また彼は混色によって生まれる色を予測するために「色円」（colour circle）を用いている。この色円は後世の色彩研究に大きな影響を与えた。

文豪ゲーテ（Johann Wolfgang von Goethe, 1749-1832；図3-2）は，ニュートンとは対照的な研究態度で色の研究を行った。彼は『色彩論（*Zur Farbenlehre*）』（1810年）を著し，ニュートンの色の研究を批判するとともに，古代ギリシャへの回帰をめざして，白と黒を対立させる彼独自の色彩論を論じている。光の分散

図3-1 ニュートン
(Isaac Newton, 1642-1727)

図3-2 ゲーテ
(Johann Wolfgang von Goethe, 1749-1832)

色覚の研究

に関するニュートンの研究を批判したゲーテのプリズム実験は的はずれなものであったが，彼の明順応，暗順応，色順応，残像，明るさの対比，色対比，色と感情などに対する洞察は，自分自身の感覚体験にもとづくものであり，心理学にとって重要な問題を提起している。それらは，彼のとった現象学的観察法とともにのちの色彩研究に大きな影響を与えている。

ゲーテより少し以前であるが，ヤング（Thomas Young, 1773-1829；Topic）が1801年に「色覚の3色説」の原型を発表している。このヤングの3色説は，発表当時はなかなか人々に受け入れられなかったが，半世紀後，ヘルムホルツによってより整備された形で再提案され，広く受け入れられるところとなった。それがヤング-ヘルムホルツの3色説である。

● 特殊神経エネルギー説

ヤングよりややあとで，イギリスのベル（Charles Bell, 1774-1842）とフランスのマジャンディ（François Magendie, 1783-1855）の2人の生理学者が，相前後して脊髄の前根と後根がそれぞれ運動性と感覚性の神経であることを見出し，神経線維の機能的分化を明らかにした。さらに感覚神経が感覚モダリティに応じて分化していることを明確に述べたのがドイツの生理学者ミュラー（Johannes Müller, 1801-58；p.47 図3-4）である。彼は『人体生理学ハンドブック（*Handbuch der Physiologie des Menschen*）』（1838年）において，次のように述べている（Herrnstein & Boring, 1965）。

「感覚は，感覚領が神経を媒介とし，かつ外的な原因の結果として，感覚神経自体の性質と状態に関する知識を受け取ることに

Topic トーマス・ヤング

　ヤング（図3-3）は物理学者であるとともに古代エジプト文字の研究者でもある多才な人物であった。彼は，光は波動であるとし，網膜上の神経の末端が網膜に到達した光と共振することによって色覚が生じると考えた。その際，人間の目は色の弁別にも空間的位置の弁別にもすぐれている点から，それらの機能を支えるために必要な神経の数を少しでも減らすために，網膜上の少数の種類の神経で多くの色彩を感じることができる機構があると推定した。

　最初は，赤，黄，青を感じる3種の神経を想定したが，翌1802年には，赤，緑，菫の3種の神経と訂正した（Herrnstein & Boring, 1965）。そしてこれらの3原色以外の光には，その光の共振数に比較的近い共振数に感じる2種の神経が同時に共振することで対応していると考えた。たとえば黄の光には赤と緑の神経が同時に共振することとなる。この状態が大脳に黄の光の到来を知らせる信号になると想定された。しかし，網膜の同一箇所に赤の光と緑の光が同時に到着すると，黄の光がきた場合と同じ状態が生じる。そこで脳はその場合にも黄を感じる。これが，赤と緑の光の混合で黄が感じられる混色の事実に対応するとされた。このようにヤングの3色説では混色の事実がうまく説明される。

図3-3　ヤング（Thomas Young, 1773-1829）

よって成り立つものであり，外界の事物の性質や状態の知識を受け取ることによって成立するものではない。このような感覚神経の性質は各感官で異なっていて，各感官の神経はそれぞれ固有の性質，すなわち特殊エネルギーを持つ。」

この説は**特殊神経エネルギー説**（the doctrine of specific energies of nerves）とよばれる。

この説は，まず感覚は外界の物理的性質を直接に反映するものでなく，外界の刺激が生じさせた神経興奮の結果として間接的に生まれるものであることを明らかにし，次にそのような神経は，視・聴・味・嗅・触の「五感」によって異なることを説いている。ただしここで用いられたエネルギーの語は今日のエネルギーの概念とは異なっている。

この説によると，眼球が圧迫されたときに光を感じたり，音波が耳に達しなくても耳鳴りを感じることがあるなどの，「不適刺激」（inadequate stimulus）による感覚の生起などをうまく説明できる。またヤング-ヘルムホルツの3色説は，特殊神経エネルギー説を視覚の属性である色の差にまで拡張して適用したものといえる。

ヤングはミュラー以前に3色説を唱えたので人々に受け入れられ難かったが，ヘルムホルツはミュラー以後であったので，彼の3色説はすでに特殊神経エネルギー説を知っていた生理学者たちに理解されやすかったのであろう。このように特殊神経エネルギー説は感覚研究にきわめて重要な基礎を与えている。

● 空間知覚

「感覚」は通常，単純な色や音や味やにおいをさし「知覚」は視覚

図3-4 ミュラー (Johannes Müller, 1801-58)

図3-5 カント (Immanuel Kant, 1724-1804)

や触覚で感じる形や音楽や音声や料理の味や花の香りなどの複雑な感性体験をさす。感覚については上述の特殊神経エネルギー説が示すような生得的な機能によって説明されることが多い。しかし，知覚に関しては，前章で述べたバークリーの奥行知覚説のように生後の経験に求める場合と，感覚と同様に生得的機能に求める場合があり，歴史的に論争が続いている（Boring, 1942, 1950）。

哲学者カント（Immanuel Kant, 1724-1804；p.47 図3-5）は，その著『純粋理性批判（*Kritik der reinen Vernunft*）』（1781年）において，空間と時間は先天的直観であると説いた。また前述のミュラーは，神経線維の空間的配列がそのまま知覚に反映されるとして，空間知覚の生得説を提唱している。さらに，弁別閾に関してウェーバーの法則（第4章参照）を見出したウェーバー（Ernst Heinrich Weber, 1795-1878）は触覚の組織的研究を行い『触覚論（*De Tactu*）』（1834年）を発表している（Herrnstein & Boring, 1965）。

ウェーバーは，身体の種々の部位で，触覚の「2点閾」を測定している。触覚の2点閾とは，コンパスの2つの脚の先のようなもので皮膚表面を同時に刺激したときに，2点と感じるための最小のコンパスの開き，すなわち2刺激点間の最小間隔のことである。この2点閾の値は皮膚表面の位置により大きく違う。指先などでは2点閾の値は小さく（鋭敏），背中などは大きい（鈍感である）。腕などはその中間になる（Topic参照）。

ドイツの哲学者ロッツェ（Rudolf Hermann Lotze, 1817-81）は，このような空間位置によって異なる感覚特性が，皮膚表面だけでなく，目の網膜にも存在すると仮定し，それを「局所徴験」（独：Lokalzeichen，英：local sign）とよんだ。ただし，彼はこの局所徴験をただちに空間知覚と結びつけず，身体や目の運動と経験的

Topic　ウェーバーの感覚圏の説

　身体の部位によって2点閾の値が違う理由を説明するため，ウェーバーは感覚圏（sensory circle）の説を提唱している（Herrnstein & Boring, 1965）。すなわち，皮膚表面は，図3-6に示されるように，皮膚表面は小さい領域に分かれ，それぞれ別の触覚神経が担当している。それぞれの触覚神経は少しずつ異なった感覚を生じさせる。このような領域が感覚圏である。コンパスの2つの先が同じ感覚圏内を刺激したときは1点と感じ，1つ間をおいた別の感覚圏をコンパスの先が刺激したときに2点と感じると仮定された。そして1つの感覚圏の大きさが皮膚表面の部位で違うので，2点閾の差が生じるとされた。すなわち，指先などは小さい感覚圏に細かく分かれているので2点閾は小さく，背中などは，大きな感覚圏に粗く分かれているので2点閾が大きいと説明された。これは空間知覚の生得説の例といえよう。

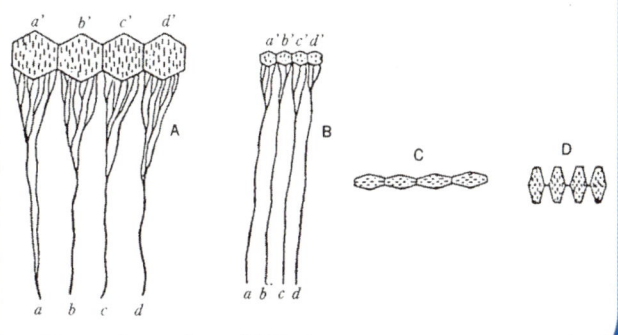

図3-6　ウェーバーの感覚圏（Herrnstein & Boring, 1965）

に結びつくと考えた。たとえば，網膜のある位置にある対象の像が投影された場合，その対象を注目する（網膜の中央にその像が移る）ための眼球運動量と，その網膜位置の局所徴験が結びついて空間性が生じるとした。彼の説は，生得説と経験説の折衷説といえる。

またヘーリング（Ewald Hering, 1834-1918）は，両眼の網膜の位置において上下，左右，奥行きの値が生得的に決まっていて，その値に応じて，知覚される対象の空間位置（奥行きを含めて）が決まるという空間知覚の生得説を提唱している。

これに対してヘルムホルツは感覚の研究ではミュラーの特殊神経エネルギー説に忠実であり，色覚の3色説や聴覚の共鳴説に見られるように生得説的である。他方，知覚の研究に対しては，イギリス経験論哲学（第2章参照）の影響を受けて経験説的である。それをもっともよく表しているのは，彼が『生理光学ハンドブック』の第3巻の序の中で述べている。「無意識的推論」（独：unbewusster Schluss，英：unconscious inference）の説である（Helmholtz, 1909/1962）（Topic参照）。

● ヘルムホルツの貢献

ヘルムホルツは19世紀を代表する偉大な科学者であり，彼自身は心理学者とはいえないが，実験心理学の誕生に貢献した心理学の恩人である（図3-7）（Boring, 1942, 1950）。彼は若い頃から物理学に興味があったが，給費制度があった医学校に学び，医学生時代から，ベルリン大学物理学教授マグヌス（Heinrich Gustav Magnus）と生理学者ミュラー（前出）に師事し，その門弟たちと交わっていた。

Topic　ヘルムホルツと無意識的推論の説

「われわれの前方のある場所に，ある性質をもつ物体が存在するという推論を起こさせる心的活動は，一般に，意識的活動ではなく，無意識的活動である。それらは，それらがもたらす結果においては推論に等しい。われわれの感覚におよぼす観察される作用から，作用の原因となるものの観念をうるという点において，それらの無意識的活動は推論と等しい役割をはたしている。もちろん，われわれが直接に知覚するものは常に神経の興奮，すなわち作用であって，けっして外的物体そのものではない。このように等しい役割をはたしているにもかかわらず，推論とこの無意識的活動がちがっているのは，推論が意識的活動である点である。」

ヘルムホルツによると，この無意識的推論は，過去経験における連合の反復によって形成されたものであり，抵抗し難く，意識的にこれを排除することはできないとされた。彼は種々の知覚現象をこの無意識的推論の説によって説明している。彼のこの説は，その後の知覚研究に大きな影響を与えている。たとえば，現代の代表的知覚心理学者グレゴリー（Richard L. Gregory, 1923-2010）はこれを強く支持している（Gregory, 1998）。

図3-7　ヘルムホルツ（Hermann Ludwig Ferdinand von Helmholtz, 1821-94）

1849年にはケーニヒスベルク大学の生理学病理学教授，1856年にボン大学の生理学教授となり，1858年から13年間はハイデルベルク大学の生理学教授を務めた。1871年からは恩師マグヌスの後任としてベルリン大学の物理学教授となり，23年間その地位にあった。

　その間，1847年にはエネルギー恒存の法則を，1849年には神経の伝達速度の研究を発表し，さらに『生理光学ハンドブック（*Handbuch der physiologischen Optik*）』(1856〜66年)（視覚論）と『聴覚論（*Die Lehre von den Tonempfindungen*）』(1863年) を出版している。この2著はそれぞれその後の視覚と聴覚の研究に多大な影響を与えた著書である。現在でも心理学の論文にしばしば引用される。

　ヘルムホルツは1854年にイギリスを訪問し，イギリス経験論に接し，無意識的推論説における彼の経験説的立場に示されるように，強い影響を受けた。なお彼がハイデルベルク大学在任中，ヴントが私講師（講義料のみを収入とする講師）または員外教授として在籍し，一時はヴントがヘルムホルツの助手を務めた時期もある（第5章参照）。

● ● ● 参考図書

大山　正（編著）(1984)．実験心理学　東京大学出版会
大山　正（1994）．感覚・知覚研究の歴史　大山　正・今井省吾・和気典二（編著）新編 感覚・知覚心理学ハンドブック　誠信書房 pp.3-18.
　これらは感覚・知覚研究史全般について解説している。
大山　正（1994）．色彩心理学入門——ニュートンとゲーテの流れを追って——　中公新書　中央公論社
　色覚研究史について詳しく説明している。

精神物理学

　「精神物理学」という珍しい名の学問は，フェヒナー（G. T. Fechner, 1801-87；図4-1）によって，精神と身体の関係を研究することを目指して，19世紀半ばに提唱されたものである。今日，心理学の中の一つの研究領域ないし研究方法として，その名を残している。一方，フェヒナーの名は，実験心理学の成立に大きな影響を与えた人として，また「フェヒナーの法則」の提唱者として心理学のテキストに広く記されている。

フェヒナーと精神物理学

フェヒナーの法則

フェヒナーの法則とは,「感覚の大きさ (E) は刺激の強度 (I) の対数に比例して増大する。$E = K \log I + C$」という法則で,図4-2に示されるような刺激と感覚の関数関係を示したものである (Boring, 1950)。これは,習慣的に法則とよばれているが,仮説とよんだほうが実態に合っている。

精神物理学とは

このフェヒナーの法則は,フェヒナーの提唱した精神物理学の一つの成果であるが,彼の構想はさらに雄大なものであった。彼によると精神物理学とは「身体と精神との関係に関する精密理論である」という。そして,「物理学と同様に,経験と経験事実の数学的結合にもとづかなければならない」とされた。さらに広くいえば,物質世界と精神世界との関連の解明をめざしたものである。つまり精神物理学とは,精神と物理との関連に関する学問を意味している。そこで,彼が手始めに選んだものが,精神世界に属する感覚と,物理世界に属する刺激との関係であり,前述のフェヒナーの法則が導き出された (Fechner, 1860/1966, 1998)。

フェヒナーは精神物理学を2つに分け,それぞれ外的精神物理学と内的精神物理学と名づけた。外的精神物理学とは,身体の外側の世界と精神活動との関係を取り扱い,内的精神物理学とは身体の内的過程すなわち生理過程と精神活動との関連に関するものである。彼が究極的にめざしたものは内的精神物理学であったが,当時は生理過程を直接測ることができず,外的精神物理学で甘んじざるを得なかった。刺激の物理的強度と感覚の大きさの関連に関するフェヒナーの法則は外的精神物理学に属するものであり,

図4-1 フェヒナー (Gustav Theodor Fechner, 1801-87)

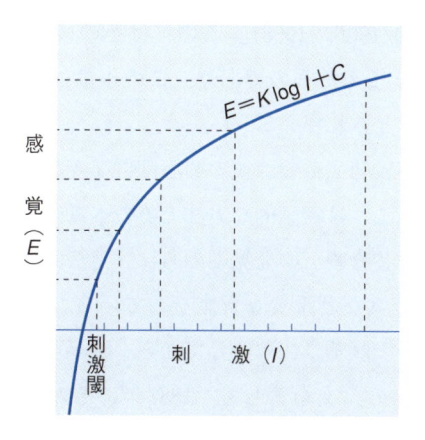

図4-2 フェヒナーの法則

その生理的基礎についてはふれていない。内的精神物理学は今日の生理心理学の前身ともいえよう。

フェヒナーの生涯

フェヒナーが，このやや風変わりな学問を提唱するようになった動機を理解するためには，彼の生涯を知る必要がある。彼は，1801年に東南ドイツの寒村の牧師の子として生まれ，ライプチヒ大学の医学部に入学し，医学の学位をとってから，興味が物理学と数学に移り，ライプチヒ大学の物理学の講師を経て，1834年に同大学の物理学の教授に就任した。彼は，当時ようやく始まった電気の研究を中心に物理学の研究業績を着々とあげ，物理学教授としての道を順調に歩んでいた。

また彼は心身の対応について哲学的興味をもち，その量的対応について1850年に着想を得て，その着想から10年後の1860年に『精神物理学原論（*Elemente der Psychophysik*）』2巻を出版した（Fechner, 1860/1966, 1998）。この本はその後の心理学の発展に大きな影響を与えたものであり，この年は，心理学の歴史にとって重要な年とされている。

精神物理学が成功すると，彼の関心は再び変わり，「実験美学」へと向かった。これは実証的な方法で美の本質に迫ろうとするもので，彼は「黄金分割」の発見やのちに評定法に発展した実験美学的測定法の発案など重要な貢献をしている。フェヒナーは10年以上の間この実験美学に専心してから，晩年再び精神物理学に戻り，いくつかの論文を著して，1887年にその多彩な生涯を閉じている。

Topic 光の強度と感じる明るさ

　たとえば，ある部屋を多数の同じ大きさの光源で照明する場合，それらの光源を1個ずつ点灯していったとしよう。部屋の照度は，光源の個数に比例して増大する。ところが，人の感じる明るさはそれに対応しない。1個，2個，3個と次第に点灯する光源の数を増やしていくと，それに応じて，照度は等しいステップで増大していくはずである。他方，人は1個から2個に増えたときは，明るさが大きく増したと感じるが，2個から3個へ，3個から4個へと増大する際には，それほどの明るさの変化は感じない。光源1個の増加に伴って感じられる明るさの増加は次第に減っていき，ついには変化に気づかないようになる。

　今度は，1個，2個，4個，8個という具合に，倍々に増加させたとする。もちろん照度は，これに比例して等比数列（幾何級数）的に増加するが，人が感じる明るさは，ほぼ等ステップで直線的に増加するように思われる。すなわち照度（刺激強度）の等比数列的増加が，人が感じる明るさ（感覚）の等差数列（算術級数）的増加に対応する。この際の照度と明るさの関係は，前記のフェヒナーの法則によく合致したものである。

　このようにフェヒナーの法則は，われわれの日常の直線的体験にほぼ一致するものである。少なくとも近似的に成立する関係として広く支持されてきた。たとえば，音の大きさを測るのにデシベル（音のエネルギーの対数値の10倍）を用いるのも，この事実にもとづいている。

精神物理学の歴史的背景

刺激閾の概念

前出の図4-2からわかるように，刺激Iがある値を超えないと感覚Eは正（プラス）の値をもつことができない。これは，刺激の値があまりに小さいと感覚が生じないこと，たとえばあまりに弱い光や音は人間は感じないという事実に対応する。感覚が生じるために必要な最小の刺激の値のことを刺激閾(いき)という。

この刺激閾の概念の歴史的背景となっているものとしてライプニッツ（Gottfried Wilhelm Leibniz, 1646-1716）の「微小表象」（petite perception）の概念がある。たとえば一滴の水の音は聞こえないが，それが集まっている波の音は明瞭に聞こえる。この一滴の水の音に相当するのが微小表象であり，波の音が「統覚」（apperception）であるとされた（Leibniz, 1714）。

さらにヘルバルト（Johann Friedrich Herbart, 1776-1841）は，表象力学の説を唱え，すべての心的状態は表象が源であるが，多くの表象が力を競い合い，そのうち意識にのぼるのは，ある「識閾」（Schwelle des Bewusstseins）を超える力をもった表象のみであるとした。刺激閾の概念の歴史的背景といえる。

ウェーバーの法則

フェヒナー自身が『精神物理学原論』の序でも述べているように，彼の研究，とくにフェヒナーの法則については，彼以前の何人かの人々の研究成果や所説に負っている。その一つはウェーバー（第3章参照）の実験的研究である。ウェーバーは，フェヒナーより5歳年長の生理学者で，彼と同じライプチヒ大学の生理学教授であった。ウェーバーは手堅い実験家であり，前章で述べたように触覚の研究でも知られている。

Topic　フェヒナーの着想

　フェヒナーは物理学教授時代にすでに感覚の問題にも興味を抱き，補色の研究や残像の研究も行っていた。その際に，強い光の残像を得るため，色ガラスを通して太陽を見てしまった。そのため失明状態に陥り，過労も重なり療養生活に入った。1839年には物理学教授の地位も辞任し，人々との接触を避け，もっぱら思索にふけっていた。長い療養生活ののち，幸い健康は回復したが，彼の関心は物理学から離れ，意識や宇宙の存在の根本に向けられた。そして到達したのが精神物理学である（Boring, 1950）。

　フェヒナーがなぜこのような学問を提唱したかというと，それは彼の哲学ないし思想にもとづくものである。彼は，当時盛んになった唯物主義的傾向に反発して，精神と物質は1つのもので全宇宙は一面から見れば意識であるという思想を抱いており，その科学的基礎を求めていたのである。そして，1850年のある朝，正確には10月22日の朝，ベッドの中で，頭にひらめいたのが，「身体的活力の相対的増加を，それに対応する心的強度の増加の測度とする」という考えであった。これがのちにフェヒナーの法則の基礎となった考えである（Fechner, 1860；岩淵, 2009）。

　彼は一度この着想を得たのちは，その物理学者としての経験と知識を生かし，実験事実と数学的基礎の上に，着実に彼の体系を構築していった。

ウェーバーは、重さの弁別閾について次のような実験を行っている。まず被験者（実験を受ける人、最近は実験協力者、実験参加者などと呼ばれるが、歴史的実験について述べる本書では、伝統的な用語を用いる）の両手に1つずつ同じ重さの錘を載せ、そのうちの一方の錘の重さを少しずつ減らしていき、どれくらいの差になったときに2つの重さの違いに被験者が気づくかを調べた（Herrnstein & Boring, 1965）。その結果では、たとえば、32オンスの重さを標準対象とした場合には、比較対象を22オンスにしたときにその差にはじめて気づいた被験者は、32ドラム（1ドラムは8分の1オンス）を標準としたときには、比較対象が22ドラムではじめてその差に気づいた。すなわち、標準が重いときは10オンスの差でやっと気づいた人が、標準が軽いと10ドラム（1.25オンス）のみの差でも気づいたのである。

　このように、人が感覚的に弁別できる最小の差異、すなわち「弁別閾」（ΔI）は、標準対象の値（I）に応じて比例的に変化すること、すなわち「$\Delta I/I =$ 一定」の関係を、ウェーバーが実験的に明らかにしたのである。この関係は、その後ウェーバーの法則とよばれるようになった。重さの感覚だけでなく、種々の感覚においてこの関係が近似的に成り立つことが、フェヒナー以前にすでに明らかにされていたのである。

物質的幸運と精神的幸運

　フェヒナーが、自分の研究の理論的先駆者としてあげているのが、数学者のベルヌーイ（D. Bernoulli）とラプラス（P. S. Laplace）である。ベルヌーイは、すでに1738年に、「物の価値は、物の値段だけでは決められない。それから得られる利益から定まる。値段は物自体で決まるが、利益は、それを得る人の状態に依

Topic　精神物理学的測定法

精神物理学的測定法（psychophysical methods）という名称は古めかしい印象を与えるが，現在でも感覚・知覚研究に広く用いられる方法である。フェヒナーの精神物理学に由来するので，この名が付けられている。最近では心理物理的測定法とよぶこともある。心理学史上でもっとも早く発達した数量的測定法であり，その後の心理学における測定法の発達の道を拓いたものともいえる。この方法で測定される主な対象は刺激閾（感覚が生じる最低の刺激強度，例：視覚・聴覚・圧覚の刺激閾），弁別閾（感覚的に区別できる最小の刺激差異，例：ウェーバーの重さの弁別閾実験），主観的等価点（ある感覚的または知覚的特性（長さ，大きさ，明るさ，重さ等）において標準刺激と等しく感じられる比較刺激の値，例：ミュラー・リヤー錯視（第6章参照）において内向図形と等しい長さに見える外向図形）である。測定値はmm（ミリメートル）やg（グラム）などの物理的単位で表される。

測定方法としては観察者が自由に刺激強度を増減して調整する**調整法**（調整の出発点は，実験者が明らかに高い刺激値と低い刺激値をランダムに決めて同数回ずつ交互またはランダム順に観察者に与える），実験者が刺激強度を細かいステップで系列的に上昇または下降させる**極限法**（上昇・下降系列を交互に行う），数段階の刺激強度をランダム順に多数回反復提示する**恒常法**がある。最近では極限法の変形である**上下法**が聴力測定などに広く使われる（大山，1969，2005）。

存する。疑いもなく，1,000ダカットの利得は，価格は同一でも，金持ちよりも貧乏人にとってはるかに重要なものであろう」と述べている。

ラプラスは，さらにこの考えを発展させて，1812年に「ある物質的利得から得られる精神的幸運の増分dyは，すでに所有している物質的幸運xとその増加分dxの比に比例する」と定式化し，「精神的幸運は物質的幸運の対数に比例する」という関数関係を数学的に導いている。これは物理的刺激と感覚の関係に関するフェヒナーの法則とまったく同じ関数関係である。これらが，フェヒナーが彼の法則を思いつく背景の一つとなっていたものであろう（Boring, 1950；Fechner, 1860/1966）。

精神物理学の影響

精神物理学的測定法の確立

すでに述べてきたように，フェヒナーが目指していたものは，精神界と物質界の数量的対応の解明というスケールの大きい，いいかえれば，やや茫漠としたものであった。一方，彼が実際に行った弁別閾の実験的測定は，きわめて手堅い，物理学者としての彼の経歴をよく反映したものであった。彼は自分の主張する刺激と感覚の間の対数的関係の根拠としてウェーバーの法則を用いた。そこで，彼はこのウェーバーの法則の一般性を種々の感覚領域で確証する必要があった。彼は，ウェーバーを含めた先人たちの研究成果を収集するとともに，彼自身でも，弁別閾測定の実験を行っている。

その際，彼は，それまでに弁別閾の測定に使用された方法，および彼が考案した方法を分類して，次の3種とし，それぞれ，

Topic 動物の精神物理学

　ブラウが1956年に発表した実験では，ハトの暗順応曲線が，精神物理学的測定法の一種であるトラッキング法を用いて測定された。動物の心理学的実験に広く用いられるスキナー箱（第12章参照）に，図4-3のように，2個の反応キイをとりつけ，ハトを光の点滅に応じて2つのキイABのいずれかをつつくように訓練した（Blough, 1956, 1958）。

　次に，Aのキイに連動して光の強度が1段階だけ弱まり，Bのキイに連動して光の強度が1段階強まるように，装置を調整した。この状態で，前記の訓練を受けたハトを，このスキナー箱に入れれば，刺激光が強いときは，ハトはAのキイをつつき続けて，それを弱める。その結果，その光が見えなくなるほど弱まれば，ハトは訓練されたようにBのキイをついてそれを強める。というふうに，ハトは，AとBのキイを交互につつく。そのため光の強度は見えるか見えないかの

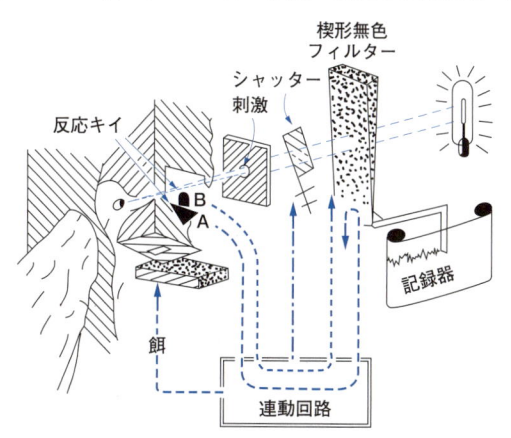

図4-3　スキナー箱によるハトの光覚閾測定（Blough, 1958）
（p.65に続く。）

「ちょうど可知差異法」「当否法」「平均誤差法」と名づけている。これらの方法は、その後、極限法、恒常法、調整法に発展し、今日でも「精神（心理）物理学的測定法」として広く用いられている（p.61 Topic参照）。当時用いられた方法は、現在、われわれが用いている方法と比較しても、さして変わりがない。これらの精神物理学的測定法を、フェヒナーの実験心理学に対する最大の貢献と考える人もいる。

精神物理学的測定法と行動主義

フェヒナーの『精神物理学原論』の発刊より19年後に、同じライプチヒで、世界ではじめての公式の心理学研究室がヴントの手によって創設された（第5章参照）。これが心理学の独立の年といわれることが多い。このヴントが提唱した内観法は、被験者に自分の意識を分析して、ことばで細かく表現させる方法であった。そのため、20世紀に入ってからは、客観性が乏しい主観的な方法であると批判された。その批判の上に生まれたのが、ワトソン（J. B. Watson, 第11章参照）の主張した「行動主義」である。

ところで、ヴントの内観法よりさらに古い精神物理学的測定法を、20世紀の行動主義的方法論の観点から見直した場合どうであろうか。この問題を検討し、内観法と違い、精神物理学的測定法は、行動主義的方法論に十分適合する客観性をもっていることを指摘したのが、コロンビア大学教授であったグレアム（Clarence Henry Graham, 1906-71）である。彼は、1934年と1950年にこの主張を明らかにしている（Graham, 1934, 1950）。

グレアムが指摘したように、精神物理学的測定法が行動主義の立場とも矛盾しない客観性をもったものであるなら、これは人間

(p.63より続く。)

境目，すなわち刺激閾付近を上下することになる（人の精神物理学的測定法における上下法に相当する）。スキナー箱内が，この刺激光のみにより照明されているのであれば，その間にハトの目の暗順応は進み，次第に刺激閾は下降するはずである。実験結果は，図4-4のように，時間の経過に伴う刺激閾の低下過程を見事に表していた。

このブラウの実験に刺激されて，その後，動物の精神物理学的研究が盛んになされるようになった（大山・実森, 1983）。人間に対してはなしえないような生理学的実験も行える動物で，人間と同様の精神物理学的研究ができるようになったことは，人間と動物に関する研究成果を直接的に比較可能にした点からも，大きな進歩をもたらしつつある。

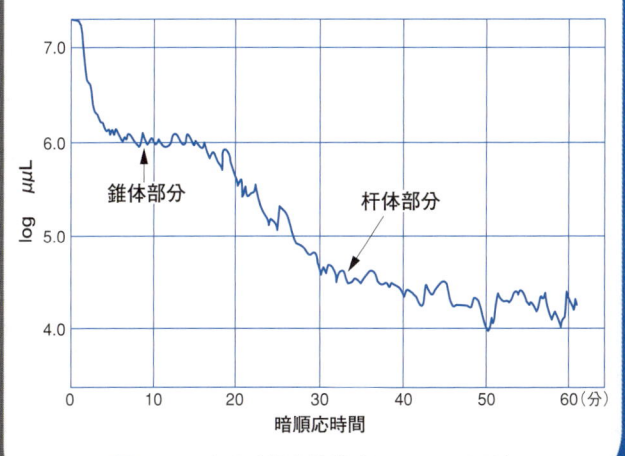

図4-4 ハトの暗順応曲線（Blough, 1956）

だけでなく，動物にも適用できるはずである。この試みを，実際に行ったのがブラウ（D. S. Blough）である（p.63 Topic 参照）。

乳児の精神物理学

動物にまで精神物理学的測定法が用いられるならば，まだことばが使えない人間の乳児にも適用できないはずがない。そこで，乳児に対する精神物理学的研究が始められた。しかし，乳児の場合は，動物のようにほうびを用いた訓練法によることは少なく，多くの場合，生来的な反応が用いられる。生後2，3カ月の乳児でも，一様な色や明るさの物よりも模様のある物を注目する時間が多い。このような生来的反応を用いて，乳児の視力を測定することもできる（Topic 参照）。このように，フェヒナーによって約150年前に始められた精神物理学は，現在，彼の予想しなかった意外な方向に発展しつつある。

これからわかるようにフェヒナーが確立した精神物理学的測定法は，非常に客観的な方法である。今日の心理学において成人のみならず，乳児や動物の感覚や知覚の研究に広く用いられている。感覚・知覚にかぎらず，心理学の客観的科学的研究の道を開いた点において，精神物理学的測定法の意義は大きい。

スティーヴンスの感覚尺度

これに対して，フェヒナーの最初の意図を比較的忠実に継承しながら，刺激強度と感覚の大きさの関数関係を，フェヒナーとは異なった方法を用いて追究したのが，ハーヴァード大学教授であったスティーヴンス（Stanley Smith Stevens, 1906-73）である。

スティーヴンスは，1960年にフェヒナーの『精神物理学原論』の出版100年を記念する講演を行っているが，その題は「フェヒナーを称え，彼の法則を廃止する」となっている（Stevens,

Topic 乳児の視力検査

　たとえば，アトキンソン（J. Atkinson）らの1977年発表の研究では，図4-5のように，乳児の前に2つのブラウン管が提示される。一方は一様な明るさで，他方が縞模様である。縞模様の平均的明るさはもう一方のブラウン管と同じである。この状況下で，乳児が縞模様のほうに多く注目すれば，その乳児は縞模様を一様な面とは異なったように知覚していると推定される。しかし，次第に縞模様を細くしていけば，ついには縞は乳児に見えなくなり，一様に見えてきて，左右のブラウン管を注目する頻度は等しくなってくるだろう。この限界を調べれば，乳児の視力が測定できるはずである。

　この原理を用いて，乳児の視力測定をはじめとする種々の感覚能力の一般的発達過程の研究や，一人ひとりの乳児の感覚能力の診断などが行われるようになってきている。

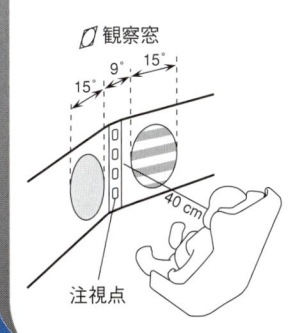

図4-5　乳児の視力測定
（Atkinson et al., 1977）

1961)。これは，スティーヴンスの態度をよく表している。フェヒナーの，刺激と感覚の間の関数関係を求めようとした意図はたいへんすぐれたものであるが，弁別閾を単位として尺度を作るという方法が不適当であったというのが，スティーヴンスの主張であろう。スティーヴンスは，フェヒナーの意図を引き継ぎながら，より適切な方法を用いて，べき関数を見出したと自負しているわけである。

フェヒナーの精神物理学にはいろいろな側面があるが，精神物理学的測定法の確立という側面を引き継いだ多くの感覚・知覚の研究者がいる一方，スティーヴンスは感覚尺度作成の側面の忠実な継承者といえよう。

彼は，はじめの頃は，専ら聴覚の研究に従事していた。当時から，多くの聴覚研究者が，音の強度を示すデシベル値が，音の大きさの直観的印象とよく対応していないことに気づいていた。デシベル値は基本的に対数尺度に準拠しているから，音の感覚的大きさがフェヒナーの法則に従っているなら，音の大きさはデシベル値に比例して変化しなければならない。しかし実際は完全には比例しなかった。この点から，スティーヴンスはフェヒナーの法則の見直しを思いついたようである。彼は，フェヒナーのように弁別閾を単位とする間接的な方法でなく，マグニテュード推定法（magnitude estimation）という方法を用いて，もっと直接的に感覚の大きさを測ろうと試みた。

スティーヴンスは，20以上の感覚次元に対して，この方法を適用してみたところ，それらの実験結果すべてにたいへんうまくべき関数が当てはまった（Stevens, 1962）。彼はこの発見を**べき法則**（power law）とよんだが，他の人々からは**スティーヴンス**

マグニチュード推定法とスティーヴンスの法則

マグニチュード推定法では，まず，ある強度の刺激（たとえば光）を基準として被験者に示し，感覚の大きさ（光ならば明るさ）を「10」とすることを告げる。それに続いて，さまざまの強度の刺激（光）をランダム順に提示して，被験者が感じる感覚の大きさ（明るさ）を，前に示した基準に従って，数値を用いて報告させる。たとえば，基準の光の明るさの2倍と感じれば「20」と答え，10分の7ぐらいと感じれば，「7」と答える。随分，大まかな主観的方法と思われるが，実際に試みてみれば，意外に安定した結果が得られる。

スティーヴンスらは，さまざまの感覚次元に対してこの方法を試みたが，そのうちの例を示すと，図4-6のようになった。明るさの場合は，刺激強度の増大に伴い，はじめ急速に

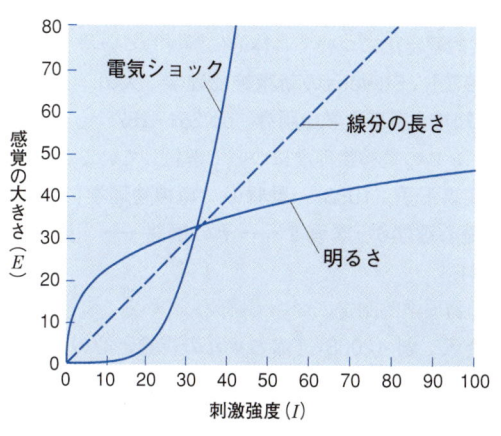

図4-6 スティーヴンスの法則 （Stevens, 1962）
（p.71に続く。）

の法則（Stevens' law）とよばれている。

　このような感覚尺度に限らず，心理学的尺度の作成が，現在，知能検査，性格検査，社会的態度など，心理学の広い分野で進められている。フェヒナーの法則はまさにその最初の試みとして重要な貢献であろう。それは心理学の数量化への道を開いたものといえる。

● ● ● 参考図書

大山　正（2005）．ウェーバー，フェヒナー，スティーヴンス──精神物理学──　末永俊郎（監修）鹿取廣人・鳥居修晃（編）心理学の群像1　アカデミア出版会　pp.165-192.
　精神物理学全般の歴史について解説している。

大山　正（2005）．精神物理学的測定法　大山　正・岩脇三良・宮埜壽夫　心理学研究法──データ収集・分析から論文作成まで──　サイエンス社　pp.125-141.
　精神物理学的測定法について具体的に解説している。

相場　覚（1970）．Stevensの新精神物理学　大山　正（編）講座心理学4　知覚　東京大学出版会　pp.261-287.
　スティーヴンスの精神物理学について解説している。

大山　正・実森正子（1983）．動物の"精神物理学"　佐藤方哉（編）現代基礎心理学6　学習Ⅱ──その展開──　東京大学出版会　pp.13-41.
　動物の精神物理学的測定について解説している。

山口真美・金沢　創（2008）．赤ちゃんの視覚と心の発達　東京大学出版会
　乳児の精神物理学的測定について解説している。

（p.69より続く。）

増大し，次第に増加率をゆるめていく曲線を描く。その点では，フェヒナーの法則の対数曲線とも似た形となる。しかし，線分の長さの場合は，ほぼ直線的に増加し，さらに電気ショックに対する痛みの場合は，はじめ，ゆるやかであるが，次第に加速して上昇する曲線となった。このように，感覚の次元によってまったく違った曲線が描かれるように思われるが，これらの間に意外な共通点があった。すなわち，横軸に示された刺激強度（I）と，縦軸に示された感覚の大きさ（E）の両方を対数値に直すと，すべての場合，直線関係が見出されたのである。これを数式で表すと，$\log E = a \log I + c$（a, c は定数）となる。これを変形すると次のようにべき関数となる。

$E = KI^a$（K は定数，$c = \log K$）

心理学の独立 5

　しばしば，ヴント（Wilhelm Wundt, 1832-1920）がライプチヒ大学に公認の心理学実験室を設立した1879年を心理学の独立の年とする。もちろん，現在，心理学が独立した学問として認められているのは，ヴント一人の力によるものでもないし，また1879年に突然，心理学が独立したわけでもない。

　心理学独立の機運は徐々に熟してきており，当時ドイツに留学していたアメリカのジェームズ（第6章参照）は，1867年に友人に送った手紙の中で「私の見るところでは，今や恐らく心理学が一つの科学たらんとする時期が来たようである」（今田，1962）と述べている。ヨーロッパにおけるこのような機運を肌で感じとったものであろう。その機運の基盤となっているものが，第2～4章で述べた連合主義心理学，感覚・知覚研究，精神物理学とともに，本章で述べる反応時間研究である。

反応時間研究

人間の反応時間をはじめて科学者の組織的な研究の対象としたのは，19世紀初頭にドイツの天文学者ベッセル（F. W. Bessel）によって行われた天体観測における反応時間の個人差に関する研究であろう（Boring, 1950）。

これに対し，反応時間は刺激を受けてから反応が生じるまでの生体の種々の生理過程の所要時間の合計を示しているという点に注目したのが，ヘルムホルツ（第3章参照）である。1850年，彼はまずカエルの運動神経を用い，神経線維の種々の部位を刺激してから筋肉の反応が生じるまでの時間を測定し，刺激部位が筋肉の部位から離れるほど，反応時間が長くなることを見出した。そこで彼は，刺激部位の差と反応時間の差の関係から神経伝導速度の推定を試み，毎秒約30mという値を得ている。さらに，人間の反応時間を用いて，足の爪先を刺激したときと腿を刺激したときの反応時間の差から，人間の感覚神経における神経伝導速度を毎秒50〜100mと推定した。

このように，2つの条件下で測定された反応時間の差から，それらの条件間の差に対応する内部過程（たとえば，より長い距離の神経伝導）の所要時間を推定しようとするヘルムホルツらの方法を，精神的課題の差にまで拡張したのが，オランダの眼科学者ドンデルス（Franciscus Cornelius Donders, 1818-89）が1868年に発表した研究である（Topic参照）（Donders, 1969）。

彼は，単に刺激が与えられたら素早く反応するa-反応時間，刺激を感覚的に弁別して，それが特定の刺激であったときにのみ反応するc-反応時間，さらに刺激を弁別し，刺激の種類に応じてそれぞれ別の反応を行うb-反応時間に区別した。一般にa-反

Topic　ドンデルスの反応時間実験

　ドンデルスが実際に行ったのは，次の測定である。

1. 実験者があらかじめ決められたKiという発声をしたら，被験者もKiと言う反応（あらかじめ決められた反応）をする（a-反応時間）。
2. 実験者はKa，Ke，Ki，Ko，Kuのいずれかを発声するが，Kiと発声したときにのみ被験者もKiと発声し，それ以外には反応しない（c-反応時間）。
3. 実験者がKaと発声すれば被験者はKa，Koと発声すればKo，Kiと発声すればKiというふうに実験者と同様に反応する（b-反応時間）。

　これらの実験結果では，a-反応時間が平均201ミリ秒，c-反応時間が平均237ミリ秒，b-反応時間が平均284ミリ秒となり，それらの値の差から，弁別の精神過程に要する時間が約36ミリ秒，選択決定過程の所要時間が約83ミリ秒と推定された。なおドンデルスの研究では，発声による空気の振動を漏斗（じょうご）型の装置でとらえ，音叉の振動とともに回転円筒上に同時記録して，反応時間を測定している。この方法により，電気的測定手段がなかった時代にもかかわらず，かなりの精度の測定を行っている。

応時間よりc-反応時間が長く，b-反応時間はさらに長くなるが，彼はそれらの反応時間の差は，より複雑な課題を遂行するために要する精神過程の所要時間に対応していると考えたのである。

ドンデルスの研究は，心理学的研究に反応時間を利用する道を開いたものとして画期的である。彼が用いた方法は減算法（subtraction method）とよばれ，ヴントにも引き継がれて，連想反応や判断反応などのより複雑な精神活動の所要時間の測定に対する利用が試みられている。さらに，近年は認知心理学（第13章参照）でも広く用いられている。

ヴントの生涯

ヴントはドイツのマンハイムの近郊ネッカラウのルーテル派の牧師の子どもとして生まれた。少年時代は，勉強に専心する勤勉な子どもで，遊びを知らなかったという。ハイデルベルク大学で医学を学んで1855年には医師の資格を得た。その後，ベルリン大学のヨハネス・ミュラー（第3章参照）の生理学研究室に入りデュ・ボァ・レイモン（E. Du Bois-Reymond）らと研究に従事したのち，ハイデルベルク大学医学部に戻り私講師となった（図5-1，図5-2）（Boring, 1950；今田，1962）。

その後，員外教授に昇任し，1874年までハイデルベルクに留まった。その間1858年から1871年までは，ヘルムホルツ（第3章参照）が同大学の生理学教授の地位にいたわけである。一時は，ヴントがヘルムホルツの助手を務めたことがあったが，ヘルムホルツはヴントをあまり評価しなかったようである。

ヴントはハイデルベルク大学在任中に，『感覚知覚論』（1862年）を著した。この著の中で，実験心理学の必要性をすでに提唱

図5-1 ヴント (Wilhelm Wundt, 1832-1920)

図5-2 供覧実験中のヴント (1912年頃)

している。1862年からは医学部の中で「自然科学の立場からの心理学」を講じ，1867年からは題目を「生理学的心理学」と改めた。彼はこれらの講義にもとづいて，『人間と動物の心についての講義（*Vorlesungen über die Menschen- und Tierseele*)』（1863年）および『生理学的心理学綱要（*Grundzüge der physiologischen Psychologie*)』（1873〜74年）を出版した。この「生理学的心理学」の語は今日のそれとは異なり，広く実験的科学的心理学を意味している。

1874年には，ヴントはチューリヒ大学の哲学教授に招かれ，翌1875年にはライプチヒ大学の哲学教授に就任する（当時，心理学は哲学の一部とされていた）。43歳であった。ここで彼は，心理学に専心することができる地位を与えられたわけである。そこで，ヴントは心理学実験室を創設し（Topic参照），内外の多くの学生を指導して，心理学の実験的研究を進めるとともに次代の心理学者を育成した。1881年にはそれらの研究成果を発表するための専門雑誌として『哲学研究（*Philosophische Studien*)』を創刊した。まだ哲学の名を冠していたが，内容は心理学の専門誌である。1905年からは『心理学研究（*Psychologische Studien*)』と名を改め，名実ともに心理学の専門誌とした。

前述の『生理学的心理学綱要』は改訂増補を重ねるとともに大部となり，当初1巻であったものが，1880年の第2版からは2巻，1902〜03年の第5版よりは3巻に拡大された。1896年には別に体系的にまとまった1巻の『心理学概論（*Grundriss der Psychologie*)』を著した。これは広く読まれ，ただちに英訳もされた（"*Outline of Psychology*" 1896年）。

1900年以降は，実験的方法では研究困難な高等精神作用の追

Topic 世界最初の心理学実験室の創設

　ヴントが1879年に世界最初の心理学実験室を創設したと広くいわれているが，実際は1875年の赴任当初から，ハイデルベルク時代から集めていた実験機具を置き，実験に用いることができる部屋を実質的に確保していたようである。それが1879年からは心理学実験室として大学から公認される。これが心理学の独立の年とされることがしばしばある。しかし，その年には施設上の特別な変化はなかった。その後，彼の主宰する実験心理学研究室（Institute für experimentelle Psychologie）は，次第に拡大し，1896年には，図5-3のように大小の実験室10室に図書室，工作室，準備室，大小講義室を備えた規模となっていたという（高橋，1994）。

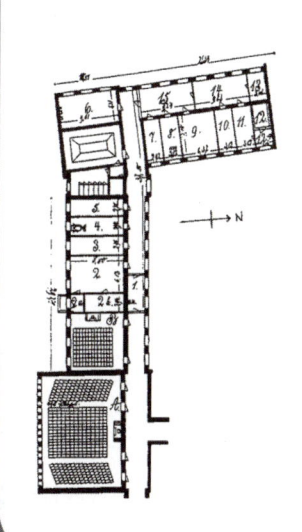

図5-3　1896年に完成したライプチヒ大学の心理学実験室（Wundt, 1910；高橋，1994による）

ヴントの生涯

究のため，諸民族の文化を通して研究する民族心理学の研究に専念した。これは民族間の特徴を比較するのでなく，原始民族からの文化の発達過程の共通性を通して，人の精神発達を研究することを目的としている。1917年には大学から引退するが，『民族心理学（*Völkerpsychologie*）』（1900～20年）の著作は続け，死去の年に完結した。これは全10巻よりなり，言語（1, 2巻），芸術（3巻），神話と宗教（4～6巻），社会（7, 8巻），法律（9巻），文化および歴史（10巻）を取り扱っている。さらに死の直前には，生涯の思い出を綴った『体験と認識』を著し，没後に出版された。

ヴントの心理学の体系

ヴントの心理学体系も年とともに変わってきているが，前述の『心理学概論』の段階における彼の体系を概観してみよう（今田，1962；須藤，1915）。

ヴントにとって，心理学は心の本体について論じる形而上学ではなく，経験可能なことがらを扱う経験科学であるとされた。ただし，ここでいう経験とは，自然科学で扱う「間接経験」すなわち，経験する主体を捨象した経験ではなく，経験の主体を含めた「直接経験」である。自然科学のように多くの観察者が共通して経験できることがらだけではなく，特定の個人だけが経験できることがらでも心理学の対象となる。その直接経験とは個人の意識をさす。すなわち心理学の対象は「意識」であるとされた。

20世紀になると，意識を研究対象とすることは客観性がないとワトソンらに批判される（第11章参照）。ワトソンは心理学も自然科学と同様に間接経験を扱うべきで，行動を心理学の対象と

Topic 初期に開設された各国の心理学実験室

ヴントのライプチヒ大学の心理学実験室開設に続いて、世界各地に心理学実験室が誕生した。その主なものと創設者を示せば表5-1のようである（末永, 1971）。これらの創設者にはヴントに学んだ人も多い。

表5-1 主な大学と創設者（末永, 1971より抜粋）

国名	大学	創設者	開設年
ドイツ	ライプチヒ	W. ヴント	1879
	ゲティンゲン	G. E. ミュラー	1881
	ベルリン	H. エビングハウス	1886
アメリカ	ジョーンズ・ホプキンス	G. S. ホール	1883
	ペンシルヴァニア	J. McK. キャテル	1888
	ハーヴァード	W. ジェームズ	1890
デンマーク	コペンハーゲン	A. レーマン	1886
フランス	ソルボンヌ	H. ボーニス・A. ビネ	1889
イギリス	ケンブリッジ	W. H. R. リヴァーズ	1897
オランダ	フロニンゲン	G. ヘイマンズ	1893
イタリア	ローマ	G. セルギ	1885
ロシア	カザン	V. M. ベヒテレフ	1886
日本	東京	元良勇次郎	1903
	京都	松本亦太郎	1908

することを主張する。しかし，ヴントとしても，形而上学と明確な一線を画し，経験科学とするために，心理学の対象を経験可能な「意識」（独：Bewusstsein，英：consciousness）に限定したことに注意する必要がある。そのため，ヘルムホルツの無意識的推論の説（第3章参照）は排除されたのである。

次に，心理学の方法としては「自己観察」（独：Selbstbeobachtung，英：introspection）が採用された。これは「内観」ともいわれ，自分自身の意識を直接的に観察することである。ただし，日常生活における内観は厳密でないので，実験的に条件を整えて内観を行うことを提唱した「実験的内観」である。

ヴントは心理学の課題は，次の3つであるとした。

1. 意識過程を分析して要素を発見すること。
2. 要素の結合の様式を決定すること。
3. 結合の法則を定めること。

これは，のちに「要素観」としてゲシュタルト心理学（第10章参照）から批判されることになるが，19世紀の自然科学の風潮に従ったものであろう。多様な物質を少数の元素の組合せによって生まれたものとする近代化学の成功や，動植物を細胞の集まりとする生物学の思想に刺激されたものと考えられる。

ヴントによると，このようにして意識を分析して発見される「心的要素」（psychische Elemente）としては，「（純粋）感覚」と「単純感情」があるという。心的要素はそれ以上には分解できないが，各要素は質と強度の2つの属性をもつという。たとえば，単純感情は図5-4のように快―不快，興奮―沈静，緊張―弛緩の3方向に変化するが，その際の方向が感情の質を表し，それぞれの方向に沿って感情の強度が変化すると考えられた。これを感情

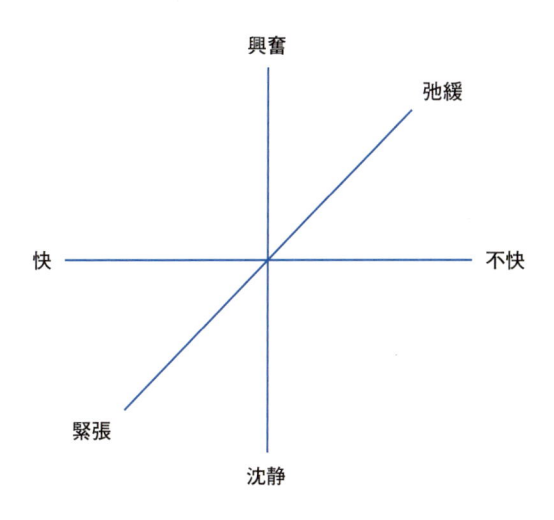

図5-4　感情の3方向説 (須藤, 1915)

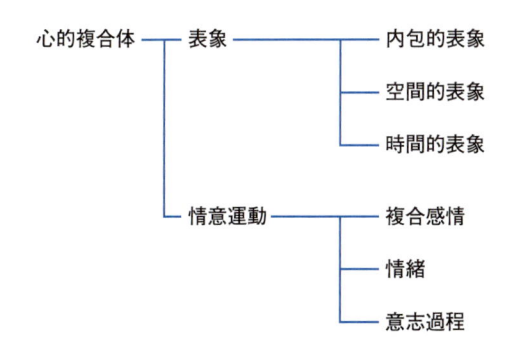

```
心的複合体 ─┬─ 表象 ──────┬─ 内包的表象
           │              ├─ 空間的表象
           │              └─ 時間的表象
           │
           └─ 情意運動 ───┬─ 複合感情
                          ├─ 情緒
                          └─ 意志過程
```

図5-5　心的複合体の分類

の**3方向説**という。

　これらの心的要素が結合してできた比較的独立した経験内容は「心的複合体」（psychische Gebilde）とよばれた。各心的複合体は感覚と単純感情の結合からできているが，主として感覚から成る「表象」と，主として感情から成る「情意運動」に分けられる。さらに，それぞれ図5-5のように分類される。

　これらの心的複合体には，それを形成している心的要素の特性だけからは説明できない，心的複合体固有の性質がある。心的要素の結合によって新たな性質が生まれるわけである。これをヴントは「創造的綜合の原理」とよんだ。J. S. ミルのいう「心的化学」（第2章参照）と相通じるものがある。

　ヴントはさらに，このような心的複合体どうしが結合して，より複雑な意識過程が生まれるとした。連合主義者がいう観念の連合（第2章参照）は，ヴントのいう表象の連合に相当する。彼は心的複合体の結合を，受動的な「連合」と能動的な「統覚結合」に分類した。さらに前者は，融合，同化，混化，継起連合に分けられ，後者は単純統覚結合と複雑統覚結合に分けられた。統覚結合とは，注意のもとに活動感情を伴って生じる能動的体験であって，単純統覚結合としては「関係」と「比較」であり，複雑統覚結合として「綜合」と「分析」があげられる。これらの統覚結合によって思考，反省，想像，理解が成立すると考えられた。

　ここで「統覚」（Apperzeption）はヴントの心理学にとって非常に重要な概念である。彼は統覚を一定の表象が他の表象より抜きんでて明瞭となる状態とした。「注意」と関係深い意識状態である。そのうち能動的統覚とは活動や緊張の感情を伴うものとされ，受動的統覚は抑制的感情や弛緩の感覚を伴う場合とされた

(a) ヒップの時間測定機

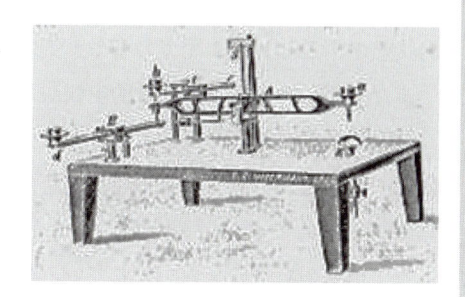

(b) 圧秤（圧覚の測定器）

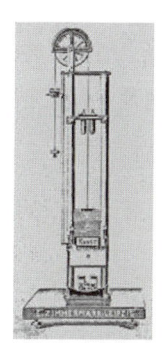

(c) 落下式瞬間露出器
　　（タキストスコープ）

(d) 円筒式記録器（カイモグラフ）

図5-6　ヴントの時代の心理学実験機器
（ドイツ　E. Zimmermann社カタログ（1903年）より）

（須藤，1915）。あくまでそれらは意識状態であり，意識外の過程を想定したものではない。

彼はさらに進んで，これらの動的な心的過程が幾分固定的傾向となって，個人の中に「心的状態」を形成すると考えた。その心的状態の例としては，記憶の型や，気質，性格などがあげられた。

また実際にはヴントは実験的内観法だけにたよらず，前述のように，行動的研究法である反応時間法をも利用しているし，動物，児童，民族における「精神の発達」をも論じている。もちろん，動物や児童に内観法は期待できないが，彼は外部からの推定によって彼らの意識の発達を論じている。

さらに，ヴントは内観法の限界に気づき，その限界を補うものとして「民族心理学」を位置づけた。この民族心理学は，内観法によらず，精神的所産である各民族の言語や神話や慣習の調査を通して，個人意識を超えた集団的精神を発達的見地から探究している。

● ヴントの貢献

ヴントが心理学に与えた貢献はきわめて大きい。いかなる面で貢献しているかといえば，次の諸点があげられよう。

1. 心理学の独立

前述のようにその機運はすでにあったであろうが，ヴントの個人的努力と実績が心理学の独立に果たした役割も大きい。

2. 心理学の体系化

それまでの心理学的知識は，哲学者や生理学者によって得られたもので，1つの体系にはまとめられていなかった。それらを集大成して体系化したことはヴントの大きな貢献であろう。

表5-2 ヴントが養成した主な心理学者

カッコ内はその人々が心理学研究室を創設，または勤務した大学名である。
【ドイツ】
クレペリン（ミュンヘン），キュルペ（ヴュルツブルク，ミュンヘン），マルベ（ヴュルツブルク），ミュンスターベルク（フライブルク，ハーヴァード）
【アメリカ】
エンジェル（コーネル，スタンフォード），キャテル（ペンシルヴァニア，コロンビア），ホール（ジョーンズ・ホプキンス，クラーク），スクリプチュア（エール），ストラットン（カリフォルニア），ティチェナー（コーネル）
【イギリス】
スピアマン（ロンドン）
【ロシア】
ベヒテレフ（カザン，サンクト・ペテルブルク）
【デンマーク】
レーマン（コペンハーゲン）
【日本】
松本亦太郎（東京，京都），桑田芳蔵（東京），野上俊夫（京都）

3. 実験法の導入

連合主義の心理学などでは用いられなかった実験法を，生理学や精神物理学から継承し，心理学に定着させた貢献は大きい。彼は主として実験的内観法を用いたが，精神物理学的測定法や反応時間測定法も採用している。内観法自体は20世紀に入ると批判される運命にあったが，心理学における実験法はさらに一般化し精密化していく。

4. 構成主義

心理学の体系をつくるにあたって，ヴントは単純な心的要素の結合によって，より複雑な心的過程が生まれるとする**構成主義**（構成心理学）の立場に立った。構成主義自体はその後ティチェナー（第6章参照）ら少数の弟子によって引き継がれた。しかしヴントのもとで学んだ多くの弟子たちは，他の面，とくに実験法の採用ではヴントの影響を伝えたが，構成主義の主張をそのまま伝えた人は少なかった。

5. 心理学者の養成

ドイツ国内だけでなく，各国から心理学を志す若い学徒がヴントのもとに集まった。その人々が，のちに各地で心理学の研究室を創設し，心理学の教育と研究を拡げていった。とくに当時，興隆期にあったアメリカからの留学生たちの帰国後の活躍は目ざましい。それらの主な人々をあげると表5-2（p.87）のようになる。

●●●● 参考図書

今田　恵（1962）．心理学史　岩波書店

　心理学史の一部としてヴントとその学説についてかなり詳しく解説している。

高橋澪子（2005）．ヴント――初期実験心理学の形成――　末永俊郎（監修）心理学群像　アカデミア出版会　pp.35-64.

　ヴントの生涯とともに，初期の実験心理学界の形成過程を述べている。

ヴント，W. 川村宣元・石田幸平（訳）（2002）．体験と認識――ヴィルヘルム・ヴント自伝――　東北大学出版会
　（Wundt, W.（1921）. *Erlebtes und Erkanntes.*）

　ヴントの最晩年の自伝と随想の訳書。

高橋澪子（1999）．心の科学史　東北大学出版会

　ヴントの実験心理学ならびに民族心理学の形成をめぐる科学史的状況を専門的に論じている。

大山　正（1994）．反応時間研究　梅本堯夫・大山　正（編著）心理学史への招待――現代心理学の背景――　サイエンス社　pp.81-90.

　反応時間研究史についてより詳細に述べられている。

19世紀末の心理学

　ヴントの心理学は，その背景となった感覚生理学と，内観法の特性から，扱った領域が偏ったものであった。感覚，知覚，感情，連想，注意，反応時間などが主たる研究テーマとなったが，記憶，要求，学習，思考などはまだ取りあげられていなかった。

　しかし，ヴントの時代の心理学がすべてヴントの立場と方法に従ったものであったわけではない。本章では，19世紀末におけるヴント学派以外のいくつかの動向について述べる。この時期に研究対象が次第に拡がっていっただけでなく，心理学を研究する地域もヨーロッパからアメリカ，そして日本（第14章参照）にも拡がっていく。また心理学に対する進化論の影響も次第に顕著となっていく。

エビングハウスの記憶研究

　記憶について，最初に組織的な実験的研究を行ったのがエビングハウス（Hermann Ebbinghaus, 1850-1909）である（図6-1）。彼は，ドイツで哲学を学んだのち，英仏に旅行し，またイギリスで連合心理学にふれ，旅行中たまたまフェヒナーの『精神物理学原論』をみつけて，深い感銘を受けたという。そこで彼は，連合心理学が取り扱っている記憶の問題をフェヒナーが用いているような実験的，数量的方法によって研究し，その成果を『記憶について（*Über das Gedächtnis*)』にまとめて1885年に出版した。その詳細については後述するが，125年前になされたものとは思えないほど近代的なものである（梅本，2000）。

　エビングハウスの研究では，彼自身が被験者となっているが，他の人を被験者としても十分そのまま適用できる客観的指標を用いた，方法論的に厳密なものである。それまで，実験的には取り扱われなかった記憶の問題を取りあげ，客観的，数量的方法を用いた点で，その後の実験心理学の発展に寄与したところが大きい。

　エビングハウスの実験は，子音―母音―子音より成る**無意味音節（無意味綴り）**（独：sinnlose Silben，英：nonsense syllable）を記憶材料として，7～36個の無意味音節より成る系列を反復して読みあげ，それらが誤りなく暗唱できるまで続けることを基本的な手続きとした（Topic参照）。彼は，その際，あらかじめ作っておいた多数の系列をランダムな順に用い，どの系列も必ずはじめから終わりまで通して読み，読む速度，アクセントのつけ方，休止時間，学習態度などが常に一定になるように努力した。彼は，記憶の困難度の指標としては，学習完成（誤りなく暗唱できるようになる）までの反復回数または所要時間を用いるとともに，記

図6-1　エビングハウス (Hermann Ebbinghaus, 1850-1909)

Topic　エビングハウスの記憶実験

　第1実験は，記憶材料系列の長さ（無意味音節数）と学習完成までの反復回数との関係を調べたものである。系列の長さが増加するに伴い，所要反復回数は，増加した。

　第2実験は，学習時の反復回数と24時間後の再学習における学習完成までの所要時間の関係を調べた。

　第3実験では，学習から再学習（検査）までの時間間隔と節約率の関係を調べた。節約率は，間隔時間の増加とともに，はじめ急速に，その後ゆるやかに低下していくが，31日後でも21％の節約率が保たれていた。図6-2の曲線は，この実験の結果を示したもので，**エビングハウスの保持曲線**または**忘**

（p.95に続く。）

憶がどれだけ保持されたかの指標として，次の節約率Qを用いた。

$$Q = \frac{100(L-WL)}{L}$$

ここで，Lは最初の学習で，学習完成までに要した反復回数または学習時間，WLは再学習の際に，学習完成までに要した反復回数または学習時間である。一般に節約率が高いほど，忘却が少なく，原学習が十分保持されていることを示している。彼はどの実験でも記憶材料を同類の他の無意味音節に変えて同一条件を反復測定して，平均と確率誤差（ばらつきを示す統計量，標準偏差の0.67倍）を求めている。

これらの実験は，ただ1人の被験者（実験者自身）を長時間繰り返して用いた点などに問題があるが，100年以上前になされた研究としては，きわめて進んだ実験といえる。実験者が被験者を兼ねているが，彼が用いた実験手続きでは，同時代のヴントらの内観心理学の場合と違って，同一人が両方を兼ねなければならない必然性はない。別人を被験者としても何ら支障がない実験手続きである。膨大な実験計画に協力してもらえる被験者が見当たらなかったので，本人が被験者を兼ねたのであろう。

エビングハウスがもっぱら記憶材料の系列を用いたのに対し，彼と同時代のミュラー（Georg Elias Müller, 1850-1934）は系列を2項目ずつの対として連合するように実験し，刺激語を提示して反応語を言わせるという適中法を考案して研究を行った。

● ブレンターノと作用心理学

ブレンターノ（Franz Brentano, 1838-1917）は，ヴントとほぼ同時代のドイツの哲学者であり，ドイツのヴュルツブルク大学

(p.93より続く。)

却曲線として知られている。保持が減少した分だけ忘却したと考えられるから,同じ曲線が両方の名でよばれているのである。

第4実験は,6日間,毎日,同一の材料を学習完成まで繰返し学習した際に,学習完成に要した反復回数を調べた。結果は,たとえば12音節9系列の場合,日が経つほど,所要反復回数が,109,75,56,37,31のように,ほぼ等比数列的に減少した。

第5実験は,いったん学習が完成してから24時間後に同一の記憶材料を用いて順序のみを変えた系列を再学習した際の節約率を調べている。何音節か間をおいて並び換えても,ある程度の節約率があり,また間にはさむ音節数が多いほど節約率が低下する結果である。これは,直接前後に接する音節間の連合だけでなく,間に他の音節をはさんだ音節間の連合(遠隔連合)も学習時に成立し,再学習を助けていることを示している。

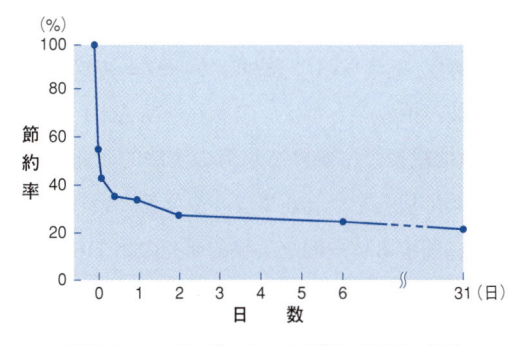

図6-2 エビングハウスの保持(忘却)曲線
(Ebbinghaus, 1885の数値による)

とオーストリアのウィーン大学で教えた（図6-3）。『経験的立場からの心理学（*Psychologie von empirischen Standpunkt*)』（1874年）を著した。ヴントの『生理学的心理学綱要』の1年後である。

彼はヴントと異なり、意識の内容ではなく心の作用を心理学の問題とすべきだと主張した。たとえば、感覚としての色や音ではなく、それらを見る作用こそを心理学で扱うべきだとした。彼は作用を3種に大別し、表象作用、判断作用、愛憎現象をあげた。彼の主張は作用心理学（act psychology）とよばれ、ヴュルツブルク学派、シュトゥンプ、ゲシュタルト心理学などに影響を与えた。ブレンターノは経験を重んじたが、実験的方法は採用しなかった（Boring, 1950；今田, 1962）。

ヴュルツブルク学派の思考研究

ヴントは、思考は実験的内観では研究できない高等精神作用であるとして、民族心理学（第5章参照）の対象とすべきだと主張した。しかしヴントのもとで助手を務めたこともある彼の弟子キュルペ（Oswald Külpe, 1862-1915）は、思考の実験的研究を志した（図6-4）。キュルペは1894年からヴュルツブルク大学の教授となり、彼の指導のもとに、アッハ（N. Ach）らによって19世紀末から20世紀初頭にかけて思考の実験的研究が盛んになされた。そのため、彼らをヴュルツブルク学派という。この学派の研究が、思考に関する体系的な実験的研究の始まりとみなされる。

彼らは、思考過程の内観的研究によって、思考はかならずしも意識にのぼる観念や心像の連合によって行われるものでなく、それらはなくても思考は営まれることを見出した。これは「無心像思考」（imageless thinking）とよばれる。彼らは、従来ヴントら

図6-3　ブレンターノ（Franz Brentano, 1838-1917）

図6-4　キュルペ（Oswald Külpe, 1862-1915）

の心理学でいわれてきた感覚や感情などの心的要素に帰すことのできない，一種の漠然とした意識状態があることを見出し，それを「意識態」（Bewusstseinslage），「意識性」（Bewusstheit）などとよんだ。さらに思考には思考過程を方向づける心の構えが重要であることを見出し，「課題」（Aufgabe）とか「決定傾向」（determinierende Tendenz）とよんだ。その後の心理学で取りあげられる構えや態度の重要性を指摘したものとして注目に値する（Boring, 1950；今田, 1962）。

感覚・知覚研究

ヴントとは違った立場における感覚や知覚の研究も着実に続けられていった（Boring, 1942）。

その一つの系統は，ヘルムホルツの流れをくむ生理学者・物理学者たちで，フォン・クリース（Johannes von Kries, 1853-1928），ケーニヒ（Arthur König, 1856-1901），ナーゲル（Wilibald A. Nagel, 1870-1910）などの人々で，多くの着実な実験的研究を行うとともに，ヘルムホルツの没後，彼の『生理光学ハンドブック』の改訂版の出版にも尽力している。

他方，ヘーリング（第3章参照）は，生理学者であるが，ヘルムホルツと対立した空間の生得説を1860年代に唱えるとともに，色覚についてもヘルムホルツの3色説と対立する赤-緑，黄-青，白-黒をそれぞれ反対色とする反対色説を1878年に提出している。彼の立場はゲーテの現象学の流れをくむものといえる。

また心理学者であるシュトゥンプ（Carl Stumpf, 1848-1936；図6-5）は1872年に空間知覚の先天説を主張するとともに『音響心理学（*Tonpsychologie*)』（1883～90年）を著して楽音やハーモ

図6-5　シュトゥンプ（Carl Stumpf, 1848-1936）

ニーの問題をとりあげた。彼の立場も現象学的であり，のちのゲシュタルト心理学（第10章参照）の人々に大きな影響を与えた。

また19世紀末は，幾何学的錯視（geometrical-optical illusions）の研究の盛んな時期でもあった。今日よく知られている錯視図形は，この時期に心理学者や生理学者によって次々と考案された。現在も彼らの名をつけて，ポッゲンドルフ錯視，ツェルナー錯視，ヘルムホルツの正方形，ミュラー・リヤー錯視，ヘーリング錯視，ヴント錯視などとよばれている（図6-6）。図中の年号は錯視図形の発表年を示しているが，19世紀後半に集中していることがわかる。これらの錯視は，特異な現象としてではなく，一般に客観的幾何学的性質をそのままには反映していない空間知覚の例として研究され，今日までその研究が続いている。なお，錯視の説明のために多くの説が提出されてきたが，決定的なものは未だに見出されていない（Boring, 1942；後藤・田中, 2005）。

1890年に前述の心理学者エビングハウスと物理学者ケーニヒにより，『心理学・感覚生理学雑誌（*Zeitschrift für Psychologie und Physiologie der Sinnesorgane*）』が発刊されていることは，当時の心理学者と自然学者との親密な交流を物語るものといえよう。なお，この雑誌はのちに『心理学雑誌（*Zeitschrift für Psychologie*）』と改称された。

アメリカにおける心理学の状況

19世紀においては，アメリカは学問の世界ではまだ遅れており，心理学も例外ではなかった。アメリカの心理学はまだ哲学や神学の影響を脱し切れてはいなかった（Boring, 1950；今田, 1962；Roback, 1952）。

(a) ポッゲンドルフ錯視（左）とツェルナー錯視（右）(1860年)

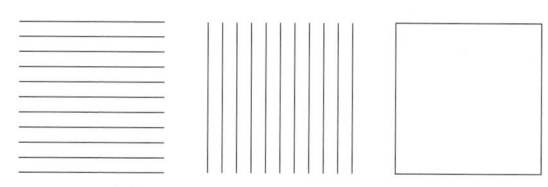

(b) ヘルムホルツの正方形 (1866年)

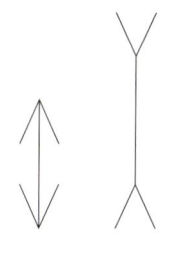

(c) ミュラー・リヤー錯視 (1889年)

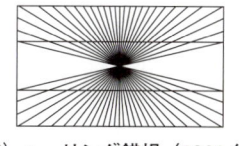

(d) ヘーリング錯視 (1861年)　　(e) ヴント錯視 (1896年)

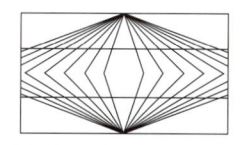

図6-6　幾何学的錯視図形 (Boring, 1942)

アメリカにおける心理学の状況

アメリカの心理学をはじめて科学的基礎の上においた人はジェームズ（William James, 1842-1910）といわれている（図6-7）。彼は生理学研究のためドイツに留学中にヘルムホルツやヴントの研究について知って心理学に興味をもち，帰国後，ハーヴァード大学で生理学を教えていたが，1875年には「生理学と心理学の関係」，1876年からは「生理学的心理学」について講じるようになったという。1878年から1890年までは心理学の研究に集中し，その成果を2巻の大著『心理学原理（*Principles of Psychology*）』（1890年）として出版した。これはアメリカ心理学の古典とされている労作である。彼はその後，より短縮した『心理学要論（*Psychology, Briefer Course*）』（1892年）を出版し，それ以後，彼の興味は哲学に転じた。

　彼は心理学を「心的生活，その現象およびその条件の科学」(the science of mental life, both of its phenomena and of their conditions) と定義し，その方法を内省的観察としている。「考えの流れ」（stream of thought）〔のちに「意識の流れ」（stream of consciousness）とよんだ〕が彼の心理学の中心概念である。彼は意識の特性として次の5つをあげている。

1. すべての意識状態は，人格的意識の一部である。誰かの意識でない意識は存在しない。
2. 人格的意識の中において，意識は常に変化活動している。
3. 人格的意識の中において意識は連続したものと感じられている。
4. 意識は常に，意識と独立した対象に関係している。
5. 意識は対象の一部に向かい，他を無視している。

　すなわち意識を対象としているが，意識を要素の集まりとはみ

図6-7 ジェームズ（William James, 1842-1910）

ず，その意識をもっている人の人格の一部であり，連続し，またたえず変化し続けるものとみているところがヴントらと大いに異なっている。またジェームズは，内観に実験法を用いなかった点でもヴントと異なっている。

またジェームズの立場は，心的過程の目的追求性と手段の選択性を重視し，その点で機能主義的色彩が強い。

ホール（Granville Stanley Hall, 1844-1924）は，ドイツで哲学を学んでから，アメリカに戻り，ジェームズから心理学を学び，学位を得たのち，1878年から再びドイツに赴きヴントの研究室で学んだ（図6-8）。1880年にアメリカに戻り，1883年にジョーンズ・ホプキンス大学にアメリカで最初の心理学研究室を設けた。1888年には，クラーク大学に移り，翌年そこにも心理学実験室を設立した。

ホールはヴントに学んだが，ヴントの説を忠実に継承したわけではなく，進化論の影響を受け，発生的（genetic）な見地から，発達心理学の発展に努力した（p.110 Topic参照）。『子供の心の内容（*The Contents of Children's Mind*）』（1883年）および『青年期（*Adolescence*）』（1904年）を出版した。また1887年にアメリカ最初の心理学の専門誌『アメリカ心理学雑誌（*American Journal of Psychology*）』を創刊し，1892年にアメリカ心理学会結成に参画，1909年には精神分析（第9章参照）のフロイトとユングをアメリカに招くなど，アメリカ心理学の基礎固めに大いに貢献した。日本最初の心理学者元良勇次郎はじめ多くの日本人留学生の指導をしている（第14章参照）。

ヴントの初代助手を務めたキャテル（James McKeen Cattell, 1860-1944）は，帰国後1888年にペンシルヴァニア大学，1891

図6-8　ホール（Granville Stanley Hall, 1844-1924）

図6-9　キャテル（James McKeen Cattell, 1860-1944）

年にコロンビア大学の心理学実験室を創設した（図6-9）。彼はヴントのもとでは反応時間や知覚の研究をしていたが，のちに訪れたイギリスのゴールトン（F. Galton, 第8章参照）に強く影響され，帰国後はむしろ個人差の研究に努力し，はじめて精神検査（mental test）ということばを用いて統計的な手法によるテストの開発を導いた。

　ティチェナー（Edward Bradford Titchener, 1867-1927）はイギリス人であり，1890年より1892年にかけてヴントのもとで学んでから，一時オックスフォード大学で生物学を教えていた。1892年からアメリカのコーネル大学で心理学を教え，終生アメリカに留まった（図6-10）。彼はヴントの構成主義の忠実な承継者で，意識を対象とし，実験的内省を方法として，感覚と感情を心的要素とする心理学の体系を唱えた（p.107 Topic参照）。

　一方，心理学の実験法を中心とした『実験心理学（*Experimental Psychology*）全4巻』（1901〜05年）を著し，心理学実験法の確立と普及に大きな貢献をした。これは，定性的実験（Qualitative Experiment）と定量的実験（Quantitative Experiment）の2部に分かれ，さらにそれぞれ教師用と学生用に分かれ，4巻を構成している。実験実習のマニュアルであるとともに，その当時までの実験法と実験成果の集大成である。

● 進化論の影響

　ダーウィン（Charles Darwin, 1809-82）は『種の起原（*On the Origin of Species*）』を1859年に著した。前述のフェヒナーの『精神物理学原論』発刊の前年である。このダーウィンの進化論は，人間と動物との間の連続性を主張した点，動物の「環境への

図6-10　ティチェナー（Edward Bradford Titchener, 1867-1927）

Topic　構成心理学と機能心理学

　ティチェナーは1898年の論文において生物学における形態学に対応するものとして，自らの**構成心理学**（structural psychology）を位置づけるとともに，生理学に対応するものとして**機能心理学**（functional psychology）を位置づけた。

　機能心理学とは，進化論の影響を受け，環境への適応を重視する立場である。アメリカの心理学は一般に機能心理学的傾向が強いが，この立場を明確に唱えたのがシカゴ大学のエンジェル（James Rowland Angell, 1869-1949）である。彼の1906年のアメリカ心理学会会長講演によれば，機能心理学とは，次のようなものである（Boring, 1950；今田, 1962）。

(p.109に続く。)

適応」の問題を扱った点，個体差，遺伝を問題とした点，発生・発達の観点を導入した点などにおいて，心理学に大きな影響を及ぼした。機能心理学（p.107 Topic 参照）は，進化論の環境への適応という視点の心理学への影響であり，「発達心理学」（p.110 Topic 参照）には発生という観点を与えている。さらに動物と人間の連続性の観点の導入の現れが，第7章で述べられる「比較心理学」「動物心理学」である。また個体差の観点の心理学への導入の成果が第8章で述べられる「個人差研究」といえよう。

参考図書

今田　恵（1962）．心理学史　岩波書店

梅本堯夫・大山　正（編著）（1994）．心理学史への招待——現代心理学の背景——　サイエンス社

ローバック，A. A.　堀川直義・南　博（訳）（1967）．アメリカ心理学史　法政大学出版局
（Roback, A. A.（1952）. *History of American psychology*. Library Publications.）

これらでは心理学史全般の中で本章の関連事項を解説している。

末永俊郎（監修）（2005）．心理学群像1　アカデミア出版会

ブレンターノ，シュトゥンプ，エビングハウス，ジェームズの生涯と業績が述べられている。

エビングハウス，H.　宇津木　保・望月　衛（訳）（1978）．記憶について　誠信書房
（Ebbinghaus, H.（1885）. *Über das Gedächtnis*.）

ジェームズ，W.　今田　寛（訳）（1992, 1993）心理学（上・下）岩波文庫青640-4, 5　岩波書店
（James, W.（1892）. *Psychology, briefer course*.）

本章で取り上げた2つの原典の翻訳書である。

（p.107より続く。）

1. 構成心理学が心的要素の心理学であるのに対して，機能心理学は心的作用（mental operation）の心理学であり，意識の内容（what）に関する心理学でなく，意識の働き（how）と理由（why）に関する心理学である。

2. 意識の基本的効用（utility）に関する心理学である。すなわち，生活体の必要と環境との間を仲介するものとしての心の諸問題を研究する。

3. もっとも広義において，心身両面を備えた全生活体の心理学であるという。意識のみならず，生活体に役立つ習慣的半意識作用も取り入れることになる。

　要するに機能心理学ないし「機能主義」（functionalism）とは，心の活動を人の環境への適応の手段と解し，その生物学的効果あるいは役割を究明しようとするものであり，心の構成よりもその働きを重視する立場である。広義にはジェームズやホールやキャテルの心理学も機能心理学に含まれ，その後のアメリカの心理学に強い影響を与えている。エンジェルに学んだワトソンは意識でなく行動に機能主義的研究をする行動主義（第11章）を主張するようになる。機能主義は環境への適応を重視する点から，社会生活への心理学の応用の発展にも寄与している。

Topic　発達心理学の発展

　ホールにより実質的に発足した発達心理学（developmental psychology）は，20世紀を通して発展を続けた。ホールは進化論の影響を強く受け，とくに「個体発生は系統発生を繰り返す」というヘッケル（H. E. Haeckel）の発生反復説を人の精神生活の発達過程に当てはめた。ホールは，そのような個体発生過程は青年期に達すると終わり，青年期は人がそれぞれの個性を伸ばす時期ととらえていた。また彼は教師や親と協力して児童研究運動の推進に尽力した（三宅，2005）。また彼のクラーク大学時代の学生には，ゲゼル（Arnold Lucus Gesell, 1880-1961）やターマン（第8章）がいる。ゲゼルは，エール大学に「児童発達クリニック（The Clinic of Child Development）」を設立し，そこで多くの乳幼児を観察し，1920年代に乳幼児の運動・言語・認知・社会行動の発達尺度「ゲゼル発達目録（Gesell Developmental Schedules）」をつくり発表した。それは，その後も心理学者，小児科医に広く用いられてきた。彼もホール同様に成熟を重視する立場に立っていた。またゲゼルは一卵性双生児を用い，その一方を実験群，他方を統制群として，成熟と訓練の効果の比較を行い，成熟の要因の重要性を示している。ターマンは知能指数を開発したが，これは暦年齢に比例的な精神年齢の増大を期待したものといえよう。これらは，ゴールトン（第8章）とともに，遺伝因子を重視する生得説的な立場である。

　他方，ワトソン（第11章）は，極端な環境主義者で，環境次第で乳児をいかようにも育てられると主張した。

　遺伝と環境の相互作用から発達を考える立場としては，両者の輻輳説を唱えたドイツのシュテルン（第8章）とともに，スイス

のピアジェ（Jean Piaget, 1896-1980）があげられる。彼は生物学を学んでから心理学に転じ，自分の3人の子どもの成長を，夫人の協力を得ながら詳細に観察し，1936年の『知能の誕生（*La naissance de l'intteligence chez l'enfant*）』をはじめ多くの著作を著し，乳幼児から青年までの知的発達段階を論じた（中島，2005；矢野・落合，1991）。それは感覚運動期「0～1歳半」，前操作期（1歳半～6, 7歳），具体的操作期（6, 7歳～11, 12歳），形式的操作期（11, 12歳～）である。しかし，この発達段階は，暦年齢に固定したものではなく，個体や環境によっても変わる，あくまで発達段階の順序を示すもので，それぞれの段階には，その段階を特徴づける全体構造があり，またそれぞれの段階に準備期と完成期があるとされた。個体と環境の間の同化と調節の相互関係のもとに発達していくと考えた。

またこの他，フロイト（第9章）の精神分析学的発達段階説や，ウェルナー（H. Werner）の分化と階層的統合という発達観，コフカ（第10章）のゲシュタルト心理学の立場からの発達心理学，社会的・文化的条件を強調したヴィゴツキー（L. S. Vygotsky）の理論，動物行動学（第7章）のいう刷り込みの研究，認知心理学（第13章）の視点なども発達心理学の展開に大いに影響を与えている。さらに近年は注視行動を指標とした乳児への精神物理学的方法の導入（第4章）により，乳児の知覚・認知発達の研究が盛んとなり，行動観察にもとづくよりも，より早い能力の開花を調べることが可能になった。

比較心理学 7

　比較心理学とは，動物のさまざまな種の間の比較，人と動物との比較により，それらの心理学的過程の共通性と差異の研究を行うものである。したがって，ダーウィンの進化論を契機として19世紀末に生まれた研究領域である。動物自体に対する学問的関心から研究する動物心理学の立場もあるが，人との比較においても大変重要な研究領域である。人類は動物の一員であり，動物と共通した側面も多い。また人類がいかなる点で他の動物と違うかを知るためにも，動物との比較は欠かせない。比較心理学の成果から心理学全体が学ぶべき点も多い。

ダーウィンの進化論

ダーウィン（Charles Darwin, 1809-82；図7-1）は1831年よりイギリス海軍の測量船ビーグル号に便乗して，世界を一周し，世界各地の動植物の調査を行った。その調査を通じ，彼はそれぞれの環境に適応して少しずつ異なった動植物が生息することとそれらの生態を知り，独自の進化論に到達し，1859年に『種の起原（*On the Origin of Species*）』として公刊した（今西，1967）。彼の進化論は，①同じ種の生物にも個体によって大きな変異があること。②その中で環境に適した特性をもつものが生き残り，子孫を残すこと（自然選択または自然淘汰, natural selection）。③自然選択された生物の特性が遺伝により，その子孫に伝わること。これが何世代も繰り返されるうちに，それぞれの環境に適した生物が生まれていくという考えである。このような考えは，それぞれの動物は，神により創造されたとする伝統的なキリスト教の教義に反するもので，西洋社会ではなかなか受け入れられなかった。さらに彼は1871年には『人類の起原（*The Descent of Man*）』を著し，人間も進化の結果生まれた種であるとして，人間と他の動物との連続性を主張した。

ダーウィンの表情研究

またダーウィンは1872年に『人および動物における表情について（*On the Expression of the Emotions in Man and Animals*）』を出版した。彼は，動物，幼児，精神病者の観察，世界の各地の原住民に関する，現地にいる知人に対する質問紙送付などを通して，表情ないし身振りによる情動の表出を調査した。彼はその結果にもとづいて，表情の一般原理として，①有用な連合的習慣の原理

図7-1 ダーウィン (Charles Darwin, 1809-82)

(ある欲望を満たすか,ある感覚をいやすのに役立つ運動が習慣化する),②反対の原理(反対の精神状態のときに反対の動作が生じる),③神経系の直接作用の原理(意思と無関係に,神経系が直接的に筋肉,腺,血行,呼吸,音声などに作用する)を提起している。図7-2は,同書に掲載されたイヌの敵意 (a) と服従と親愛の状態 (b) を示す例である。ダーウィンは,これらは反対の原理に従ったものであるといい,これらの研究を通して情動の表出にも進化の過程に応じた種間の連続性を指摘している。

比較心理学の始まり

ダーウィンの晩年に彼の知遇を受けたロマーネス(George John Romanes, 1848-94)は,動物の知的行動に関する膨大な観察資料を収集し,整理して,動物の心の進化を示す『動物の知能(*Animal Intelligence*)』(1882年)という本を書いた。彼が用いた方法は,その後,逸話法(anecdotal method)とよばれ,観察者の主観や擬人的解釈が入りやすい方法として批判された。また彼は比較心理学(comparative psychology)という語を,すでにあった比較解剖学(comparative anatomy)と並ぶ語として用いた。

これに対してモーガン(Conway Lloyd Morgan, 1852-1936)は『比較心理学入門(*Introduction to Comparative Psychology*)』(1894年)を著し,その中で,その後,ロイド・モーガンの公準(Lloyd Morgan's canon)とよばれるようになる原則を提起している。それは「いかなる場合においても,ある動作が心理学的尺度において下位にある心的能力の結果として解釈できる場合は,それより上位の心的作用の結果として解釈してはならない」という主張である(Herrnstein & Boring, 1965)。たとえば,動物の

(a)

(b)

図7-2 ダーウィン（1872）が示したイヌの敵意の状態（a）と服従と親愛の状態（b）

一つの動作が，動物が推理力を発揮して行ったと解釈することも，動物が長い間の試行錯誤の経験から学んだとも解釈できるならば，心理学的により低次と考えられる後者の解釈を採用すべきであるという意味である。モーガン自身，自分で飼っていたトニーというイヌに対して次のような観察をしている。トニーを図7-3に示されているような自宅の鉄柵の中に入れておくと，鉄柵のいろいろの場所に首を突き込むが出られない。しかし，あるときたまたま扉の掛け金の下に首を突き込み，偶然に扉が開いて，外に出ることに成功した。すると，その後もトニーは方々に首を突き込んでから，掛け金の下に首を入れて脱出した。このようなことを3週間ほど繰り返すうちに，トニーの無駄な動作が次第に減って，ただちに掛け金に首を突っ込んで扉を開くようになった。まさに多くの失敗の後の偶然の成功である。モーガンはベイン（第2章参照）にならって，これを試行錯誤学習（trial-and-error learning）とよんだ。第11章で述べるソーンダイクの試行錯誤実験の原型といえる。もしトニーの最後の行動だけを観察した人がいれば，イヌが高度な推理能力があるという逸話ができるであろう。モーガンは逸話法を批判し，実験法を推奨した（Boakes, 1984）。

● アメリカにおける動物の実験心理学的研究

20世紀に入ると，アメリカにおいて動物を用いた心理学的実験が盛んになる。以下にその代表的な実験例をあげる。まずソーンダイクの問題箱におけるネコの試行錯誤実験（第11章参照）がその始まりといえるが，ほぼ同時代にスモール（W. Small）は，イギリスのハンプトン・コート宮の庭にある人間用の生垣の迷路の構造をそのまま縮小して作った図7-4(a)に示すネズミ用の迷

図7-3　モーガンの飼い犬トニーの掛け金はずし（Boakes, 1984）

路を使い、その中央に餌を置き、入口から入れたネズミが餌に到達するまでの時間を計った。最初は袋道に入りなかなか餌に到達できないが、繰り返すうちに、次第に袋道に入る回数が減り、速やかに餌に到達できるようになった（Woodworth & Schlosberg, 1955）。迷路はその後、代表的な動物学習の実験装置となり、もっと単純化されたものが広く使われた。

またヤーキーズ（Robert Mearns Yerkes, 1876-1956）は図7-4(b) のような弁別箱を作り、ネズミに明暗弁別の訓練をした。ネズミはあらかじめ決められた明暗いずれかの正しい扉を選択すれば、先に進めるが、誤った側を選択すると電気ショックによる罰が与えられた（Boakes, 1984）。この装置を用いて、彼はドッドソン（J. D. Dodson）とともに、課題の難易度と最適な罰刺激の関係を調べ、課題の困難度が増すほど最適な罰刺激の強さが低下するという、後にヤーキーズ-ドッドソンの法則とよばれるようになる法則を見出した（Yerkes & Dodson, 1908）。

ハンター（Walter Samuel Hunter, 1889-1954）は、ネズミ、イヌ、アライグマに対して、図7-4(c) のような実験装置を用いて遅延反応（delayed reaction）の研究をしている。まず予備実験において、装置中の3つの小部屋のいずれかに餌を置いて、電灯（L）をつけておき、被験体を装置中のガラス張りの出発箱（R）に入れておく。そして被験体はドアが開いたら電気のついた部屋に行けば餌が得られる。餌を入れる部屋は試行ごとにランダムな順序で変えられ、被験体は電灯のついた部屋に行くことを訓練される。次に、遅延反応の実験に入る。その際は、最初は目印の電灯をつけておき、ガラス張りの出発箱から見えるようにしておく。途中で電灯を消し、それからある時間（遅延時間）経っ

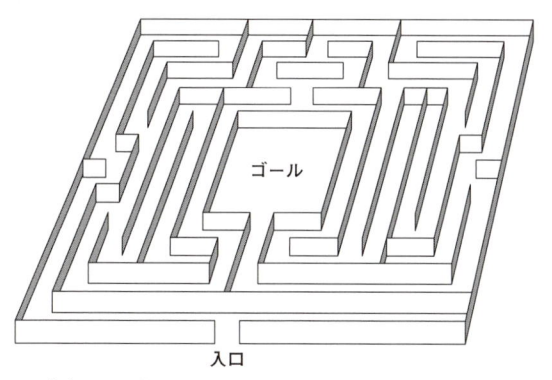

(a) ハンプトン・コート型迷路 (東・大山, 1969)

(b) ヤーキーズの弁別箱
(Boakes, 1984)

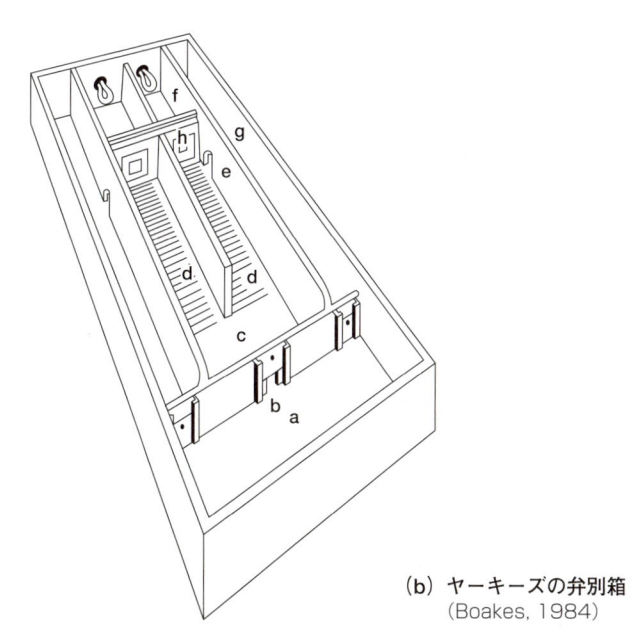

図7-4(1) 各種の動物実験装置

てから,出発箱のドアを開けて,3つの部屋の選択をさせる。その結果,どの種もある程度の遅延後に選択させても正しい部屋を選択した。ネズミでも最大10秒の遅延が可能であった。しかしネズミとイヌは遅延時間中,電灯のついていた方向に身体を向けておかないと成功しなかった。アライグマではそのような姿勢の固定は見られなかった。また類似の装置で実験した人の子どもの場合もそのような姿勢の固定は必要としなかった。彼はアライグマと人の子どもでは何らかの表象機能によって遅延反応がさせられていると推定している(Hunter, 1913;鹿取,2005)。

ワーデン(Carl John Warden, 1890-1961)は図7-4(d)のような障害箱(obstruction box)とよばれる装置を開発して,ネズミの欲求の強さを測定した。ネズミはDの部分に入れられ,欲求の対象(餌,水,異性,子ネズミ)がAの部分に置かれる。途中には電気格子(B)があり,それを渡ると電気ショックを受ける。電気ショックに耐えて,対象まで行く回数により,欲求の強さを測定した。その結果では雄ネズミでは欲求の強さは渇き,飢え,性の順になったが,雌ネズミでは母性,渇き,飢え,性の順であった(今田,1954;Warden, 1931)。

このような動物を用いた心理学的実験はアメリカで次第に盛んになっていったが,用いられる動物種の数は,だんだん限定され,シロネズミやハトが主となっていった。動物の種の間の比較はあまりされず,人間を被験者にしては実施が困難な,欲求や報酬など厳密な条件統制下での実験により,学習理論や行動理論の検証のための実験が盛んになり,本来の比較心理学から離れていった。新行動主義(第12章参照)ではその傾向がとくに強かった。

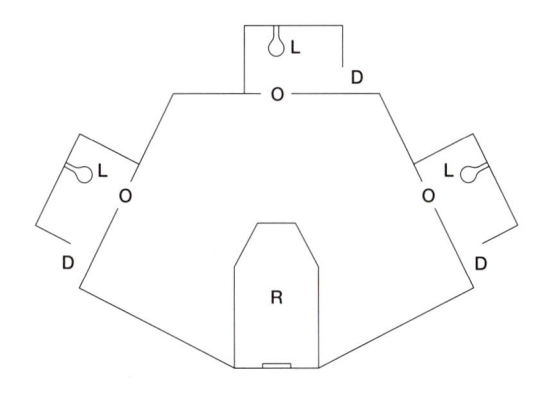

(c) ハンターの遅延反応装置 (Stone, 1951)

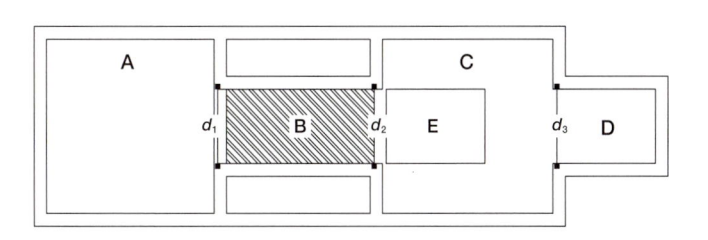

(d) ワーデンの障害箱 (Stone, 1951)

図7-4(2) 各種の動物実験装置

ヨーロッパにおける動物行動研究

　それに対して，ヨーロッパでは，自然環境下での動物の習性に即した動物行動の研究が，主として動物学者の手によりなされていた。20世紀初期にフォン・フリッシュ（Karl von Frisch, 1886-1982）によってなされたミツバチの研究はその例である。彼は1927年に『ミツバチの生活から（*Aus dem Leben der Bienen*)』という本を著し，その成果を解説している。彼はミツバチの色覚を色紙の色の弁別行動を通して研究した。たとえば，赤と青の色紙の上にそれぞれガラス皿を置き，その一方にだけ砂糖水を入れておいた。訪れたミツバチは砂糖水を花の蜜と同じように吸って巣に帰り，仲間を連れてまたやってきた。このようにして，ミツバチたちをある色の色紙だけに集まるように訓練することができる。このように訓練されたミツバチは砂糖水を取り除いても，色紙の位置を変えても，色紙を新品に換えても，同じ色に集まった。ただしミツバチは，赤と青とは区別できたが赤と黒とは区別できなかった。さらに色紙に変え光学機器を用いて種々のスペクトル線の弁別を訓練すると，図7-5に示すように，ミツバチは人とは可視範囲が異なり，赤色光は見えないが，人が見ることができない紫外線を見ることができ，そこに独自の色を感じていることがわかった（Frisch, 1950, 1969）。

　またフォン・フリッシュは，ミツバチは，それぞれが発見した蜜の位置を同じ巣の仲間に知らせる独特な飛び方をすることを見出した。彼は蜜の代わりに砂糖水の容器を巣からさまざまな距離とさまざまな方向に置いて，それを発見したミツバチが巣に帰ってからの行動を観察した。近距離に砂糖水がある場合には，図7-6の左のような円舞をする。それに対して遠方にある場合は，尻

人　間

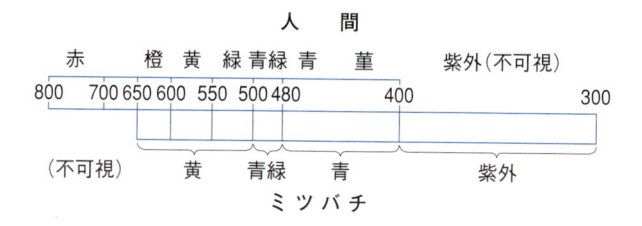

赤　　橙　黄　緑青緑　青　　菫　　　　紫外（不可視）
800　700 650 600 550 500 480　　　400　　　　　　　300

（不可視）　黄　青緑　青　　　　紫外
　　　　　　　　ミツバチ

図7-5　人間とミツバチの色覚（Frisch, 1950）

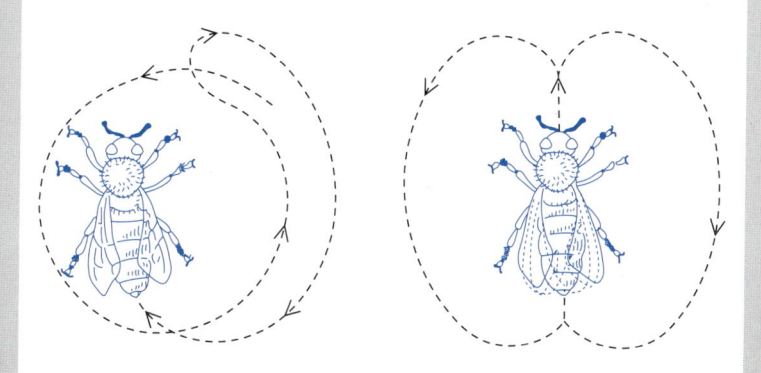

図7-6　ミツバチの言語，円舞（左）と尻ふりダンス（右）（Frisch, 1950）

ふりダンスと名づけられた図の右のような独特な飛び方をする（これらのダンスは垂直面内でなされる）。しかもその速さと直進部分の方向は、砂糖水が置かれた距離と方向に応じて、変化した。近くに砂糖水があるほど速く飛び回り、また直進部分の方向と重力方向がなす角度はそのときの太陽の方向と砂糖水の方向の角度と一致した。ミツバチはこのような独特な飛び方で、仲間に蜜のありかを伝えているのである。尻ふりダンスはミツバチ間で交わされる一種の言語といえる（Frisch, 1950, 1969）。

ティンベルヘン（Nikolaas Tinbergen, 1907-88）は1951年に『本能の研究（*The Study of Instinct*）』を著し、各種の動物の本能的行動について論じ、その中で、イトヨという魚の生殖期の独特な行動を述べている。雄のイトヨは互いに攻撃的になる。その際に、どのような相手の特徴が攻撃行動を誘発しているかを調べるために、彼は図7-7に示されているような木製の模型を使って、実験した。するとイトヨとそっくりな形をしているが、生殖期の雄の特徴である赤い腹はしていないNに対しては、雄のイトヨはほとんど攻撃行動はしない。ところが、形はイトヨとはまったく似てなくても、腹が赤いRシリーズの模型には、攻撃行動を行った。腹が赤いことがイトヨの攻撃行動の解発刺激となっているのである（Tinbergen, 1951）。

またローレンツ（Konrad Lorenz, 1903-89）は、1949年に『ソロモンの指環（原題：*Er redete mit dem Vieh, den Vögeln und den Fischen*, 英題：*King Solomon's Ring*）』を著し、動物の行動を論じている。彼はハイイロガンのひなを使って興味深い実験を行っている（Lorenz, 1983）。同じガンが生んだひなを2つのグループに分け、一方は母親ガンに孵化させ、残りは孵化器の中で

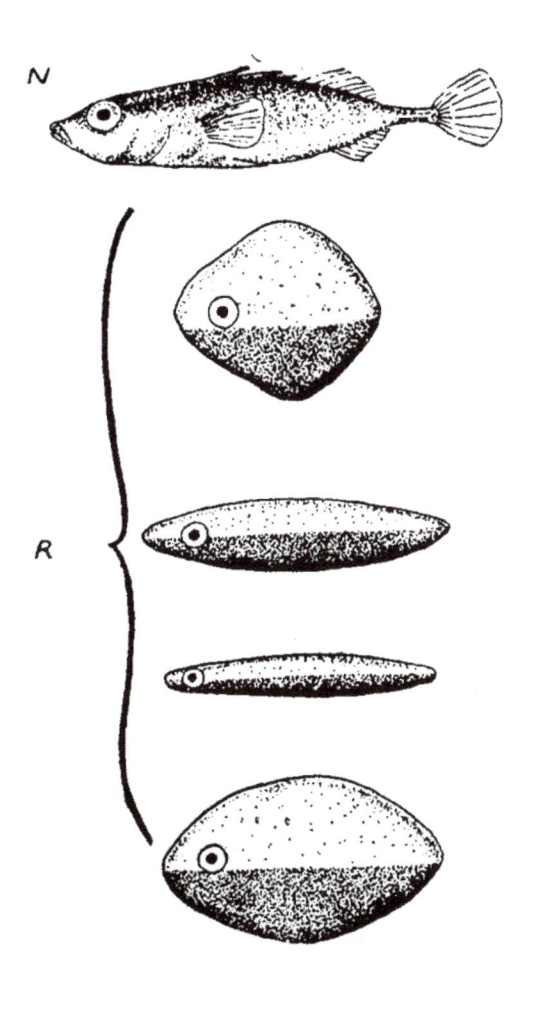

図7-7 イトヨの攻撃行動の研究に用いられた模型
(Tinbergen, 1951)

孵化させた。母親ガンに孵化させたほうのひなは，生まれるとすぐに母親ガンに付いて歩いた。ところが，人工的に孵化したひなは母親ガンに接触させず，ローレンツがひなのそばにいた。すると，そのひなたちはローレンツの後を付いて回ったのである。この2つのグループのひなに異なった印をつけて，全部を大きな箱に閉じ込めておいて，母親ガンとローレンツがいるところで，一斉に解放すると，第1のグループのひなは母親ガンのもとへ，第2のグループはローレンツのもとに駆け寄っていった。親鳥の後にひなが列をなして歩いていく姿は，自然界でよく見かけるものであるが，第2グループのひなはローレンツの後を列をなして歩いた。つまりひなたちは，親鳥の後を追う本能があるのではなく，生後初期に会う大きな動くものに付いて歩く習性があるのである。これは刷り込み（imprinting）とよばれている（Hess, 1958）。

　これらの研究はそれぞれの種固有の行動様式をできるだけ自然な生活環境内で観察している。このような研究領域は動物行動学とか比較行動学（ethology）とよばれる。なおフォン・フリッシュ，ティンベルヘン，ローレンツの3人はその研究成果に対して1973年にノーベル生理学・医学賞を受賞している。

● 動物の言語

　前述のミツバチの尻ふりダンスは，ミツバチ間のコミュニケーションの機能をもつ一種の動物の言語である。鳥の囀りも鳥の間ではコミュニケーションの役に立っている。縄張りの主張，警報，求愛，懇願，攻撃などの意味があるという（N. Heyes, 1994）。組織的に研究された例としてアフリカのサバンナにすむベルベットモンキーの警報音声がある。彼らはヒョウに対して出す音声と，

Topic 利口な馬ハンス

20世紀の初頭に，ハンスという利口なウマの話がベルリンで評判になった。加減乗除の計算，単語のスペル，時計の針の読み，和音の区別などが小学高年生並みにできるというのである。ただし，声を出しては答えられないから，前足を叩く回数や，首の振り方で答えるという。心理学者，生理学者，動物園長，サーカスの専門家などで委員会をつくり，調査したが，トリックがないということで，ますます評判が高くなった。飼い主がいないときでも，このウマはたとえば「4＋3＝　」という問題を提示されると，前脚で7回地面を叩いて答えた（図7-8）（Pfungst, 1967）。

そのときの審査委員の助手を務めていたプングスト（O. Pfungst）という若い心理学者は，その結論に納得せず，次のような実験を試み，その不思議を見破った。彼はあらかじめ作っておいた多くの問題カードの中からランダムに1枚抜いて，ハンスに見せて，その反応を見た。その際，実験者がカードを見る場合と見ない場合を半数ずつ試行した結果，実験者が問題を見た試行では98％の正答率であったが，実験者が問題を見ない場合は，正答率は8％にすぎなかった。このハンスは，正答数に至ったときに見物人が示すわずかな安堵の動作を手がかりに足踏みを止めていたのである。動物行動の擬人的解釈の誤りを示す適例である。

図7-8　利口な馬ハンス（Pfungst, 1967）

ワシに対する音声と、ヘビに対する音声を使い分けるという。ヒョウに対する音声を聞くと仲間は一斉に木に登る。ワシに対する音声に対しては上を見上げるか、茂みに身を隠す。ヘビに対する音声には後肢で立ち上がり草むらをのぞく。音声を録音しておいて、草むらに隠したスピーカーから再生しても同じ反応が生じたという（藤田，1998）。

　さて幼いチンパンジーを人間の幼児と同じように、人間の家庭で育てたら、人と同じように言語を学ぶことができるであろうか。このような試みは、これまでに何組かの研究者夫婦によってなされているが、残念ながら、その結果は否定的だった。一番成功したヘイズ夫妻（K. J. & C. Heyes）の育てたヴィキーというチンパンジーでも6年間でパパ，ママ，カップ，アップの4語を習得したにすぎなかった。これは、チンパンジーの発声器官が人と根本的に違っているためと考えられる。そこで人の手話をチンパンジーに教える試みがガードナー夫妻（R. A. & B. T. Gardner）によってなされた。その結果は大いに成功であった。3年半の間に130あまりの語彙を習得し、2語文や3語文を表現できた。またそれぞれ別の単語を表すいろいろな形と色のプラスチック板を組み合わせた人工言語を教えるというプリマック（D. Premack）の試みも成功した。サラというチンパンジーは「リンゴをバケツに入れなさい」とか「赤が緑の上にあれば、サラはリンゴを取りなさい」などの文に従って正しい行動がとれた。近年になって、ランボー（D. M. Rumbaugh）と松沢哲郎らはそれぞれ、チンパンジー用の絵文字を描いたコンピュータ・キーボードを作り、人工言語の学習に成功している（藤田，1998；松沢，1991）。

Topic 動物における道具の使用

ゲシュタルト心理学者のケーラー（W. Köhler, 1887-1967）（第10章参照）は，1910年代に実験室内で飼育されたチンパンジーを用いて実験し，彼らが訓練を受けなくても，また試行錯誤の過程を経なくても，棒や箱を使い，檻の外や天井に吊されたバナナを取ることを見出して，学界の注目を浴びた（図7-9）。人間のみの特徴と考えられていた道具の使用を動物でも行うことを実証したからである。その後，野外の動物も道具を使用している事実が次第に明らかにされてきた。たとえば鳥が木の小枝で木の穴に隠れた虫をつついて穴から出して食べる。チンパンジーがつるや草をシロアリの塚に差し込んで，それに付いてきたシロアリを食べる。大きい石を台にして木の実をその上に置いて，小さい石を握って叩いて木の実を割るなどの行動が野外で観察されている（藤田，1998；松沢，1991）。

図7-9 箱を踏み台としてバナナを取るチンパンジー
(Köhler, 1917)

動物の言語

動物研究と心理学

　以上に述べてきた動物研究は一般心理学の発展にどのような影響をもたらしたであろうか。動物と人間に共通した学習や行動の原理を，動物実験を通して研究しようとする試みは行動主義（第11章）や新行動主義（第12章）で盛んになされている。また内観や言語を用いずに心理学的研究を行動面から進める研究方法は，20世紀の心理学で広く採用されているし，言語が未発達な幼児を対象とした研究にも大いに役立っている。比較心理学では種間の比較も重要であり，種独特の行動特性は比較行動学の大きな問題である。種としての人類の心理学的独自性も動物との比較によりはじめて明らかにされる。また比較心理学は，行動主義の影響で経験説に偏りがちな心理学者の目を生得説にも向けさせた。他方，人間は進化の結果として生まれた動物であり，動物と共通した面を多く残している。このような観点から人間を研究する進化心理学（evolutionary psychology）も近年注目されている。また，認知心理学（第13章）の発展に伴い，動物の認知（animal cognition）の研究も盛んになってきている。

参考図書

ボークス，R.　宇津木　保・宇津木成介（訳）（1990）．動物心理学史
　——ダーウィンから行動主義まで——　誠信書房
　　（Boakes, R.（1984）. *From Darwin to behaviorism : Psychology and the minds of animals*. Cambridge University Press.）
　ダーウィンから行動主義までの研究発展の経過を詳細に述べ，心理学史における動物研究の位置づけを論じた独自な本。

個人差の研究 8

　人は一人ひとり顔かたちが違うように，知能や性格も異なっている。これを個人差という。個人差に対する関心は古くからあり，古代ギリシャ時代のアリストテレスの高弟であるテオプラストス（Theophrastos, B.C. 372頃-288頃）は当時のアテネの市民を観察して『人さまざま』を記した。彼は「空とぼけ」「へつらい」「無駄口」「粗野」から「貪欲」までの典型的性格30例を興味深く描写している。これらは2,300年を隔てた現代にも通用するものといえる。また第1章で述べた2世紀のガレノスの体液と気質の4分類も個人差の類型を示している。

　さらに19世紀初頭に至って，ドイツの解剖学者ガル（Franz Joseph Gall, 1758-1828）によって提唱された骨相学（phrenology）では，科学的根拠は十分ではないが，頭蓋骨の形の個人差が脳の発達部位の個人差を表し，その個人の心的能力の特徴を示すと主張し，一般の人々の関心を集めた（Boring, 1950；今田, 1962）。また同じ頃天体観測における反応時間の個人差も研究された（第5章）。他方ヴントらの実験心理学者は正常者一般に通じる法則の追究に追われて，個人差に対する関心は乏しかった。個人差に対する科学的研究の発足はダーウィンの進化論における同一種の中の個体間の変異の主張を待たねばならなかった。

知能の個人差の研究の起こり

イギリスのゴールトン（Francis Galton, 1822-1911；図8-1）は, 彼自身は心理学者とはいえないが, 心理学の発展, とくに個人差研究に大いに影響を与えた人物である。彼はダーウィンの従兄弟に当たり, 経済的にも恵まれており, 特定の職につかず, 自由に自分の探究心に従って研究に従事したが, ロイヤル・ソサイエティ（王立協会）会員にもなり, 晩年にはナイトに列せられ, Sirの称号を得ている（Boring, 1950；今田, 1962；岡本春一, 1987）。

ゴールトンの心理学への貢献は, 心的遺伝の研究, 心身の個人差の測定と, 統計的方法の開発であろう。彼の研究はダーウィンの説に影響された面が多く, ダーウィンの同一種の中での変異の考えがゴールトンの個人差研究に, 身体的特徴の遺伝が心的遺伝に, 人為淘汰が優生学にそれぞれ発展したと考えられる。

ゴールトンは1869年に『遺伝的天才（*Hereditary Genius*）』（邦訳名『天才と遺伝』）を著し, その中で各界の著名人の家系を調べ, 近親者に著名人が多いことを統計的に見出している。彼は人名事典や人物列伝などを資料として歴史上の著名な裁判官, 政治家, 軍人, 文学者, 科学者, 詩人, 芸術家, 宗教家, 計977名, 300家の家系を調べ, その血縁者にも, また著名人が多いが, その率は, 血縁が遠くなるほど, 減少することを示した。すなわち, 各界の著名人の父子, 兄弟では26〜89％, 祖父, 伯叔父, 甥, 孫では4〜50％, 曾祖父, 大伯叔父, 従兄弟, 兄弟の孫, 曾孫では0〜21％が著名人であった。ただし当時は男性社会で調査対象は男性に限られている。著名人の家系は教育環境や活動の機会に恵まれている点もあろうが, これらの統計資料は優秀な人におけ

図8-1 ゴールトン（Francis Galton, 1822-1911）

る遺伝の影響は否定できないことを示唆しているであろう（表8-1）。

1883年に発刊した『人間能力の研究（*Inquiries into Human Faculty and its Development*）』は彼が行ってきた人間の心身機能に関するさまざまな研究を集大成したもので，33章にわたっている。人の感覚能力や性格に関する章もあるが，注目すべきは心的イメージや数型に関する章である。心的イメージ（mental imagery）に関しては，たとえばその日の朝食の食卓のイメージを思い起こして，それがどの程度明瞭にイメージできるかを測る質問紙を工夫している。また数型（number form）に関しては，男は約30人に1人，女は約15人に1人，子どもはさらに多く所有し，数や年代や12カ月のイメージが空間中に独自の形に並んで表象される現象である。また感覚能力の研究に際しては，人が聞き取れる最高周波数音を測る笛（ゴールトン笛）を工夫したり，長さの弁別に用いるゴールトン棒，重さの弁別用の錘など，その後に心理学で普及した実験器具の開発も行っている。

彼は1884年にロンドンで国際健康博覧会が開かれた折に，その一部に人間測定実験室（Anthropometric Laboratory）を開き，希望者に視力，聴力，色彩感覚，目測，肺活量，反応時間，……身長，体重などを測定して，本人に記録を渡すとともに，それらをデータとして収集を行い，同博覧会終了後もロンドン内の博物館内に移設して6年間常設し，計9,000人以上のデータを集めた。

以上のようにゴールトンの研究は統計的手法によるものが多い。彼は統計法の発展にも寄与している。たとえば，両親の身長と子どもの身長の相関関係の統計的研究を行い，身長の大きい親には，身長の大きい子が生じやすく，身長の小さい親には小さい子が生

表8-1 著名人の家系における著名人の出現率（%）
（ゴールトン，1892/1935）

各1名以上の著名人を有する家系の数	各グループ								全グループの総数
	85	39	27	33	43	20	28	25	300
全家系の著名人の総数	262	130	89	119	148	57	97	75	977
	裁判官	政治家	軍人	文学者	科学者	詩人	芸術家	宗教家	全体
父	26	33	47	48	26	20	32	28	31
兄弟	35	39	50	42	47	40	50	36	41
息子	36	49	31	51	60	45	89	40	48
祖父	15	28	16	24	14	5	7	20	17
叔父	18	18	8	24	16	5	14	40	18
甥	19	18	35	24	23	50	18	4	22
孫	19	10	12	9	14	5	18	16	14
曾祖父	2	8	8	3	0	0	0	4	3
大叔父	4	5	8	6	5	5	7	4	5
従兄弟	11	21	20	18	16	0	1	8	13
甥孫	17	5	8	6	16	10	0	0	10
曾孫	6	0	0	3	7	0	0	0	3
その他の遠縁	14	37	44	15	23	5	18	16	31

知能の個人差の研究の起こり

まれやすいが，全般的に子どもは親より平均的身長に近づく傾向を見出している。彼は親子の身長を縦横軸とした相関図を描き，数学者の協力を得て，相関楕円（長円）と，その長軸の勾配を描き，平均値への回帰の傾向を示した。統計学における回帰（regression）の概念の始まりである。相関（correlation）に関する統計学は，彼の弟子であるピアソン（Karl Pearson, 1857-1936）によって確立され，現在相関係数として広く用いられている。またゴールトンはピアソンらとともに，1901年に生物統計学の専門雑誌 *Biometrika* を創刊した。

　ゴールトンは晩年に，遺伝により優秀な子孫を残すための研究を行う優生学（eugenics）を提唱し，遺言によりロンドン大学に優生学研究のための基金を寄付した。優生学については結婚・出産の自由に反し，人種改良に通じる点から批判されている。

知能検査の開発

　今日広く普及している知能検査（intelligence test）の開発はフランスのビネ（Alfred Binet, 1857-1911；図8-2）によって始められた。彼は法律を学んだが，それを職とはせず，独学で心理学を学び，その後催眠の研究や昆虫の神経の研究をしたりしたのち，ソルボンヌ大学の心理学実験室で研究に従事し，その室長にもなった。しかし彼はヴント流の実験心理学には批判的で，個人差に興味をもち，自分の2人の娘を対象とした研究を続けていた。また教育現場の教師などとの研究会を組織していた。当時，フランスにおける初等教育の義務化に伴い，発達遅滞児の取扱いが問題となっていた。特殊学級に入れるほうが適切な発達遅滞児を識別するための客観的な基準の作成が必要となり，ビネが医師シモ

図8-2 ビネ（Alfred Binet, 1857-1911）

ン（T. Simon）の協力を得て，後にビネ・シモン知能検査とよばれるようになる検査法を開発し，1905年に発表した。これは「マッチの火を目で追う」「食べ物と木片との区別」「身体の部分を指示する」「2本の線の長さの比較」「文章の反復」など30の検査項目より成っている。難易度順に並び，やさしいものから順に被検者に課して，どの問題まで回答できるかにより普通児と遅滞児とを分け，さらに遅滞の程度を調べようとするものである。これらの検査項目は1908年と1911年に改訂されている。1908年版は検査項目が約5問ずつ3歳から13歳までの年齢段階に分けられ，それぞれの年齢の一般児童が50～75％回答できることを基準に選ばれている（表8-2）。これは精神年齢尺度とよばれ，被検者がどの年齢段階の問題まで正答できたかにより，その被検者の精神年齢が測定できるように工夫されていて，一般普通児にまで適用されるようになった。さらに1911年版は年齢段階を15歳とさらに成人まで広げている（滝沢, 1971；宇津木, 2005；Wolf, 1973；矢野, 1994）。

　このビネらの知能検査が発表されると，フランス国内より，むしろ諸外国で反響があり，1912年にドイツのシュテルン（William Stern, 1871-1938）は知能を精神年齢と実際の暦年齢の比率で表すことを提案した。アメリカのターマン（Lewis Madison Terman, 1877-1956）は1916年に，主として1911年版のビネ式知能検査にもとづき，多数の児童のデータにより検討し直し，問題も追加修正して，スタンフォード・ビネ知能尺度（Stanford-Binet intelligence scale）を開発した（図8-3）。その際，シュテルンの考えにもとづいて，精神年齢（mental age, MA）を暦年齢（chronological age, CA）で割り，さらに100倍した値を知能指

表8-2 ビネ・シモン知能検査（1908年版）の検査項目の例（矢野，1994）

【3歳】
- 鼻，目，口を示す。
- 6音節の文章の復唱。
- 2数字の復唱。
- 絵の中の物の名前の列挙。
- 姓名を言う。

【4歳】
- 自分の性（男，女）を言う。
- 身近な物の名称（鍵，ナイフ，スー貨幣）。
- 3数字の復唱。
- 2線の比較。

【5歳】
- 2つの重りの比較。
- 正方形の模写。
- 10音節の文章の復唱。
- 2つの断片によるはめ絵遊び。長方形を対角線で切断した2枚の三角形を用いて，もとの長方形を組み立てる。
- 1スー貨幣4枚を数える。

【6歳】
- 右手と左の耳。
- 16音節の文章の復唱。
- 美的見地からの2つの絵の比較。
- 身近な物の定義（フォーク，テーブル，いす，馬，ママ）。
- 同時になされた3つの命令の実行。
- 自分の年齢を言う。
- 午前と午後の区別。

【7歳】
- 絵の欠けている部分の指示。
- 指の数を言う。
- 書いてある文章の模写。
- 菱形の模写。
- 5数字の復唱。
- 絵についての叙述。
- 1スー貨幣13枚を数える。
- 4種類の貨幣の名称。

数（intelligence quotient, IQ）とよぶことを提案し，広く各国に普及した（第14章参照）。精神年齢が暦年齢と一致すれば知能指数（IQ）は100となり，もっとも普通の知能となる。IQは100を中心に高低に分布することになる。

$$知能指数（IQ）= 100 \times \frac{精神年齢（MA）}{暦年齢（CA）}$$

　知能検査の結果を知能指数で示すことは，その被検者の暦年齢が違っても，その値が同じ知能の程度を表すことを目的としている。すると，知能指数がもし同じ120ならば，暦年齢5歳で精神年齢が6歳の児童の知能と，暦年齢が10歳で精神年齢が12歳の児童に相当することになる。そこで同じ個人が成長し暦年齢を増したときに，知能指数が恒常を保つか否かが問題となるが，必ずしもそうとは言い切れない。しかし，暦年齢と精神年齢の差は，成長とともに，拡大する傾向にあり，初期のように差を知能の指標とするよりは，知能指数のように比を指標としたほうが，実際的ではある。現代では各暦年齢ごとの偏差値に置き換えられつつある。

　その後，個人用の知能検査としては，ベルヴュー（Belvue）精神病院の主任心理学者のウェクスラー（David Wechsler）により1939年に開発された**ウェクスラー・ベルヴュー成人用知能尺度**（Wechsler-Belvue Adult Intelligence Scale, WAIS），および1949年に開発された**ウェクスラー・ベルヴュー児童用知能尺度**（Wechsler-Belvue Intelligence Scale for Children, WISC）では，言語テストと動作テストに分けて，採点されるようになっている（滝沢，1971；Popplestone & McPherson, 1994）。

　第1次世界大戦にアメリカが参戦すると，アメリカの若手心理

図8-3 スタンフォード・ビネ検査具の一部
(Terman & Merril, 1937 ; Boring et al., 1948)

学者たちが陸軍に協力し、ヤーキーズ（第7章参照）を中心に、新兵たちの知能を測定するために、紙と鉛筆で行える集団式知能検査を開発した。これは、175万人もの青年に施行され、その中から士官候補生を選択したり、不適格者を除外したりするために用いられた。いわゆるアーミー・テストである。第1次世界大戦後はこれをもとに広く集団式知能検査が普及して、教育界や産業界で使用された（Hilgard, 1987；Popplestone & McPherson, 1994；Thomson, 1968）。

性格の類型論

　ドイツの精神医学者クレッチマー（Ernst Kretschmer, 1888-1964）は多数の精神病者の臨床的調査にもとづき、精神病の種類と患者の体格に顕著な関連があることに気づいた（図8-4）。彼は、このような研究にもとづいて1921年に『体格と性格（*Körperbau und Character*）』を著し、その後、度々増補改訂した（Kretschmer, 1955/1961；詫摩, 1968, 2005；若林, 2009）。すなわち図8-5のように、精神分裂病（現在名：統合失調症）の患者の約3分の2は体型が細長型（約2分の1）か闘士型（約6分の1）であり、躁鬱（そううつ）病（循環症ともいう）の患者の約3分の2は肥満型であった。さらにこれらの精神病患者の発病前の性格や患者の血縁者の性格にも一定の特徴がしばしば認められた。そこで彼はそのような体型と気質（性格の基本層）の関連を一般の人にも拡張して考えた。すなわち、分裂気質の人は、非社交的、内気、控え目、生真面目、孤独、利己的、空想的というような特徴をもつ。それに対して、躁鬱（循環）気質の人は、開放的で、周囲の情勢によく適応し、人間らしい温かみを感じさせ、

細長型　　　　　　　肥満型　　　　　　闘士型

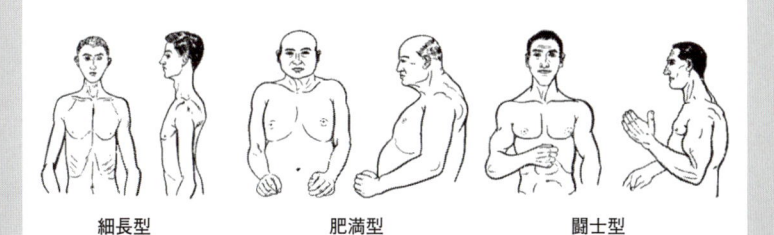

図8-4 クレッチマーの体型分類 (Kretschmer, 1955；倉石, 1957)

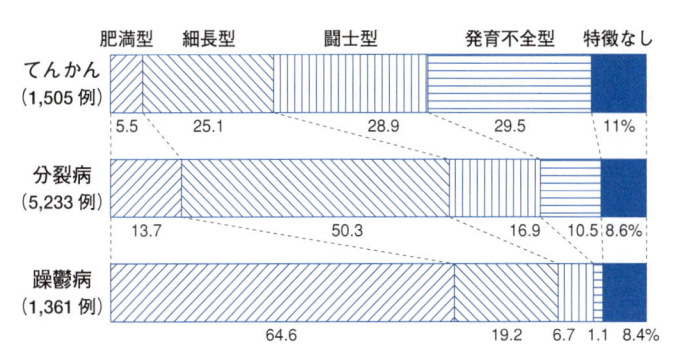

	肥満型	細長型	闘士型	発育不全型	特徴なし
てんかん (1,505例)	5.5	25.1	28.9	29.5	11%
分裂病 (5,233例)	13.7	50.3		16.9	10.5 / 8.6%
躁鬱病 (1,361例)	64.6			19.2	6.7 / 1.1 / 8.4%

図8-5 精神病の種類と体型 (Kretschmer, 1950, 1955)

性格の類型論

感情の表現が率直で，社交的で現実的である。さらに，彼はてんかん患者の体型に闘士型が多い点から，粘着気質という類型も考えた。几帳面，義理がたい，整理・整頓を好む，変化を好まない，理解が緩慢で，時々爆発的に怒るといった特徴をもつという。

　アメリカの心理学者かつ医学者であるシェルドン（William Herbert Sheldon，1899-1977）も体格と性格の関連を研究した（詫摩，1968，2005）。彼はクレッチマーとは異なり，精神病患者でなく一般の健常な青年男子の体格の写真測定と性格特性の評価との関連を統計的に分析した。まず体型を胎生時における胚葉の発達の方向性から，次の3類型に分けた（図8-6）。①内胚葉型：消化器の発達がよく，骨や筋肉の発達が劣っている肥満型。②中胚葉型：筋肉や骨の発達がよく，引き締まった重量感がある体格。③外胚葉型：皮膚組織，神経系統，感覚器官の発達がよく，消化器や筋肉の発達は劣っている，やせ型。他方，気質については，次の3類型に分けた。①内臓緊張型：身体の動きに不自然さがなく，安楽さや快適さを楽しむ，食欲旺盛で熟睡する。社交的協調的である。②身体緊張型：身体の動きが荒々しく大胆で活動的であり，闘争的攻撃的で苦痛によく耐える。③頭脳緊張型：控え目で過敏，感情の表現が乏しい。動作がぎこちなく，孤独を好み，安眠できない。環境への適応性に劣る。多くの青年男子について以上の3つの体格に分類し，3つの気質の分類との相関を調べたところ，0.8程度の高い相関係数が得られ，内胚葉型と内臓緊張型，中胚葉型と身体緊張型，外胚葉型と頭脳緊張型がほぼ対応したという。クレッチマーと研究方法が大きく異なるが，結果は似ていて，それぞれ躁鬱気質，粘着気質，分裂気質に対応している。

　これらは，人の性格の個人差を少数の類型に分け，体格の類型

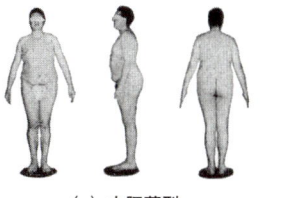

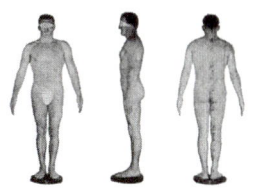

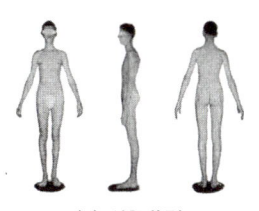

(a) 内胚葉型　　(b) 中胚葉型

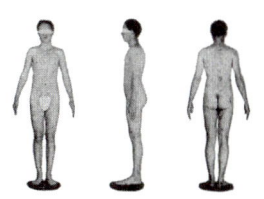

(c) 外胚葉型　　(d) 均衡型

図8-6 **シェルドンの体型の分類**（Sheldon & Stevens, 1942； Boring et al., 1948）

との関連を論じたものである。遺伝にもとづく生来的な性格傾向を重視し，環境的社会的要因を軽視する傾向がある。また体型と気質の対応も完全なものではなく，例外も多い。これに対し，身体的特徴は論じないで，個人の価値と興味の生活領域に応じて経済型，理論型，審美型，宗教型，権力型，社会型に分けるシュプランガー（Eduard Spranger, 1882-1963）の類型論や，心的エネルギーが外部に向かう外向型と自分自身の内部に向かう内向型のユング（C. G. Jung，第7章参照）の性格分類も類型論といえる。類型論全般に通じる問題は，性格を少数のカテゴリーに分類し，現実に存在する中間型移行型の性格の扱いが明確でない点である。

性格の特性論

アメリカの心理学者オルポート（Gordon Willard Allport, 1897-1967）はハーヴァード大学大学院修了後ドイツに留学し，ゲシュタルト心理学（第10章）やシュテルンの影響を受け，後にハーヴァード大学教授になった心理学者である。彼は1937年に『パーソナリティ——その心理学的解釈（*Personality : A Psychological Interpretation*）』という著書を出版し，人のもつさまざまな特性（trait）にもとづいたパーソナリティ論を展開した（Hilgard, 1987：星野他, 1982）。彼は「特性」とは，①名目的なものでなく神経精神的なもので，②個人に特有なものであり，③一群の刺激を等価なものとして受け取るはたらきをもち，④適応行動，表出行動に一貫性を与えるものとして定義づけている（永野, 1967）。特性は習慣（habit）より広く，類型（type）より狭く，態度（attitude）と違い対象に限定されない。特性はあくまで個

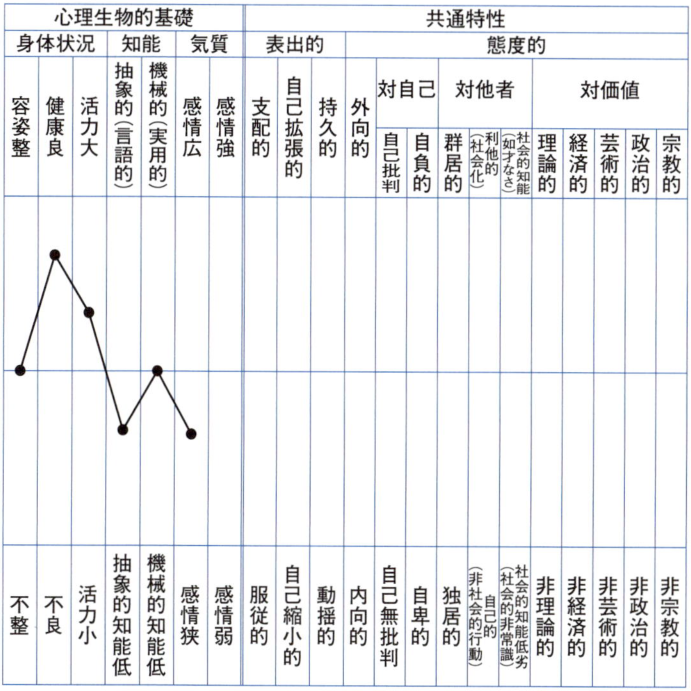

心理生物的基礎					共通特性										
身体状況		知能		気質	表出的		態度的								
							対自己		対他者			対価値			
容姿整	健康良	活力大	抽象的(言語的)	機械的(実用的)	感情強	感情広	支配的	自己拡張的	持久的	外向的	自己批判	自負的	群居的	利他的(社会化)	社会的知能(如才なさ)	理論的	経済的	芸術的	政治的	宗教的
不整	不良	活力小	抽象的知能低	機械的知能低	感情弱	感情狭	服従的	自己縮小的	動揺的	内向的	自己無批判	自卑的	独居的	非自己的(非社会的行動)	社会的知能低劣(社会的非常識)	非理論的	非経済的	非芸術的	非政治的	非宗教的

図8-7 オルポート考案の心誌（永野，1967）

性格の特性論　149

人個人に固有なものであるが、これを心理学者が研究し、個人間で比較する手段として、オルポートは共通特性（common trait）という概念を導入した。それらの共通特性をそれぞれの尺度として、特定の個人の性格を各項目の値をつなぐ折れ線グラフで記述するために、図8-7に示すような心誌（psychograph）というものを提案した。各項目（左から7行までは参考資料、8行目からは共通特性を示す。この中には、ユングの外向性─内向性の類型や態度やシュプランガーの価値の類型も含まれている。ただし、オルポートの場合、類型論と違い、それぞれの共通特性は両端だけでなく、中間のさまざまな値を取り得るものである。

またオルポートは、特性記述用語を、辞書から網羅的に摘出し、特性記述に適した用語4,504語を選出している（星野他，1982）。さらに彼は1961年に前著にもとづき『パーソナリティの型と成長（*Pattern and Growth of Personality*）』（邦訳名『人格心理学』）を出版している。

その後、特性論はキャテル（R. B. Cattell）、ギルフォード（J. P. Guilford）、アイゼンク（H. J. Eysenck）らによって、統計的手法である因子分析法を用いて研究され、さらに発展した。たとえばアイゼンクは、図8-8のように、個人の一群の特殊的反応を共通して規定している習慣的反応があり、いくつかの習慣的反応の背後には特性があり、さらにいくつかの特性を規定しているのが類型であるというふうに階層を成すとした（岡本栄一，1967）。オルポート（Allport, 1961/1968）はこれを経験的類型論とよんでいる。特性論は、近年になって5大因子：ビッグファイブ（Big Five）の説にまで発展し、また質問紙検査法による性格検査の基礎となっている（Hilgard, 1987；詫摩他，2003；丹野，2003；

類型の水準／内向性

特性の水準／固執性　堅さ　自律的不均衡　正確さ　短気

習慣的反応の水準

特殊的反応の水準

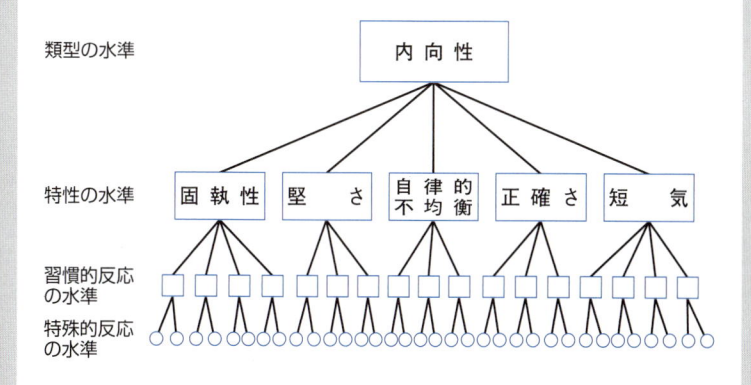

図8-8　**アイゼンクの性格の階層構造**（Eysenck, 1951；Allport, 1961/1967）

若林,2009)。

●●●● 参考図書

今田　恵（1962）．心理学史　岩波書店

矢野喜夫（1994）．個人差と個性の研究　梅本堯夫・大山　正（編著）心理学史への招待——現代心理学の背景——　サイエンス社　pp.161-182.

岡本夏木（1990）．個人差の心理学　大山　正・岡本夏木・金城辰夫・高橋澪子・福島　章　心理学の歩み（新版）有斐閣新書C-17　有斐閣　pp.145-182.

　これら3編には心理学史の一部として個人差の問題の研究史が適切に記されている。

岡本春一（1987）．フランシス・ゴールトンの研究　ナカニシヤ出版

　ゴールトン研究の専門家による詳細な解説である。

詫摩武俊・瀧本孝雄・鈴木乙史・松井　豊（2003）．性格心理学への招待［改訂版］——自分を知り他者を理解するために——　サイエンス社

若林明雄（2009）．パーソナリティとは何か——その概念と理論——　培風館

　これら2編では性格心理学の一環として性格研究の歴史が解説されている。

精神分析学 9

　心理学を学んだことがない人でもフロイトの名前は知っているだろう。フロイト自身は精神科医であったが，彼が創案した精神分析学は心理学に大変大きな影響を与えている。第10，11章で述べるゲシュタルト心理学，行動主義とともに，20世紀初頭に始まる心理学の三大潮流の最初のものである。ヴント以来，意識中心であった心理学者の目を無意識にも向けさせ，行動の原動力である欲求の重要性を強調した点で，心理学の発展に強いインパクトを与えた。

🔵 フロイトの生涯と業績

フロイト（Sigmund Freud, 1856-1939：図9-1）は，現在はチェコ領になっているモラヴィア地方の小都市で生まれ，4歳から80年近くをウィーンで過ごした。晩年はユダヤ人としてナチスに追われ，死の前年にロンドンに移り，そこで生涯を終えた（Jones, 1961；馬場, 2005）。そのため，ウィーンとロンドンの両方に彼の記念館がある。彼はウィーン大学で医学を学んだが，彼の関心は広くブレンターノ（第6章参照）の講義も聴講している。基礎医学に興味をもち，生理学者ブリュッケ（E. Brücke）の研究室で研究に従事した。ブリュッケはヘルムホルツとともに物理学・化学を基礎とした生理学を主張した学者である。研究は順調にいっていたが，経済上の理由もあり，開業医に転じた。

またこの生理学研究室において，すでに開業医として成功していた年長のブロイアー（J. Breuer）と知り合い，彼の患者O. アンナが催眠状態などで本人も忘れていた過去のことを語るとヒステリー症状が消失するか軽減したという治療例に大いに興味を抱いた。それは意識下に抑圧していたことを解放することによってヒステリーを治すという意味で，カタルシス療法とよばれた。フロイトは，これに倣ってヒステリーの治療に当たり，その経験から催眠と無意識下の心的過程の重要性を知り，1895年にはブロイアーとの連名で『ヒステリー研究（*Studien über Hysterie*）』を出版した。これはフロイトのその後の学説と治療に大きな示唆を与えるものであった。

また彼は1885〜86年にはパリのサルペトリエール精神病院に留学し，シャルコー（J. M. Charcot, 図9-2）から，また1889年にはナンシーに赴きリエボー（A. A. Liébault）とベルネーム

図9-1 フロイト (Sigmund Freud, 1856-1939)

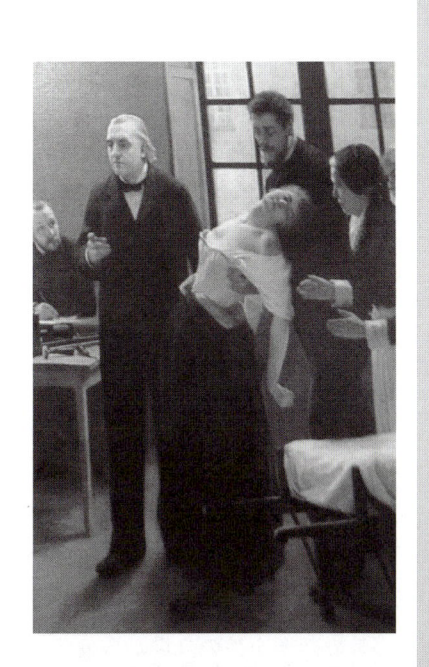

図9-2 シャルコーの催眠実験
(P. A. ブルイエ画の絵の一部, 1887)

(H. M. Bernheim) から催眠暗示について学んだ。しかし，彼は治療法としての催眠法の限界に気づき，後には患者を寝椅子に楽な姿勢で横たわらせながら頭に浮かぶことを自由に語らせる自由連想法を採用するようになった。1885年からはウィーン大学で私講師として講義をもつようになった。しかし最初の聴講者は3名にすぎなかったという。講義をもとに1900年に『夢判断 (*Die Traumdeutung*)』，1901年に『日常生活の精神病理 (*Zur Psychopathologie des Alltageslebens*)』を刊行し，夢や日常生活の言いちがえ，書きちがえなどの中に隠された願望があることを指摘した。

彼の主張は次第に人々の関心をよぶようになった。アドラー (Alfred Adler, 1870-1937) をはじめとした賛同者が集まり，1902年からはフロイトを囲んだ研究会が毎週開かれるようになり，1908年にはウィーン精神分析学協会に発展した。また同年ザルツブルクで第1回国際精神分析学会がユング (Carl Gustav Jung, 1875-1961) の主催により開かれた。翌1909年にはアメリカのクラーク大学創立20周年記念にホール（第6章参照）により招待されて，ユングとともに訪米し，5回の講演をした。図9-3の記念写真に写る錚々たる心理学者，精神科医などが聴講した。この講演はドイツ語でなされたが，英訳されて「精神分析学の起源と発展 (*The Origin and Development of Psychoanalysis*)」の名で，翌年にアメリカ心理学雑誌 "*American Journal of Psychology*" に掲載され，アメリカに精神分析学が普及する重要な機会となった。その後，精神分析学は国際的に広がっていく。彼は1912年に『トーテムとタブー (*Totem und Tabu*)』を執筆して，社会組織や宗教の起源を彼の立場から論じ始めた。しかし，1911年頃より

図9-3 フロイトのクラーク大学訪問の際の記念写真
前列左からF.ボース,E. B.ティチェナー,W.ジェームズ,W.シュテルン,L.バーガーシュタイン,G. S.ホール,S.フロイト,G.ユング,A.マイヤー,H. S.ジェニングス。2列目左からC. E.シーショアー,J.ジャストロー,J. McK.キャテル,E.カツネルボーゲン,E.ジョーンズ,A. A.ブリル,W. H.バーンハム,以下略。3列目右の日本人は神田左京と蠣瀬彦蔵(第14章参照)。当時の錚々たるアメリカ心理学者と精神科医が並んでいる。

アドラー，1914年にはユングがフロイトのもとより離反していった。

フロイトは第1次世界大戦（1914〜18年）では，2人の息子や多くの弟子が従軍し，さらに戦後は経済的にも困窮した。その間，1915年から17年にかけてのウィーン大学の講義にもとづいて『精神分析入門（*Vorlesungen zur Einführung in der Psychoanalyse*）』（1917年）を刊行した。1920年には大戦で中断していた第6回国際精神分析学会がハーグで開催され，各国の研究者が再会を喜んだ。同年にフロイトは『快楽原則の彼岸（*Jenseits des Lustsprinzips*）』を発表し，「生の本能」と「死の本能」の対立説を論じた。さらに1933年には『続精神分析入門（*Neue Folge der Vorlesungen zur Einführung in der Psychoanalyse*）』を出版した。

第2次世界大戦では，ユダヤ人として迫害を受け，癌に冒されながら，イギリス人の弟子ジョーンズ（E. Jones）らの助けにより娘のアンナ（Anna Freud）に付き添われて1938年にロンドンに亡命し，そこで未完に終わった『精神分析学概説（*Abriss der Psychoanalyse*）』（未完，没後1940年に公刊）を執筆し続け，1939年に83歳の生涯を終えた（馬場，2005；Brown, 1961；Jones, 1961；懸田，1957；西園，1981；小此木・馬場，1977）。

● フロイトの理論の概要

フロイトの理論は，時代とともに変遷しているが，以下では主として後期の理論の概要を述べる（福島，1990）。

本能論

フロイトは人を駆り立てる原動力となるものを**本能**（欲動）（独：Trieb，英：instinct）と名づけた。本能と訳されることが多

Topic 無意識と催眠の研究史

　フロイトが学生時代に読んだというヘルバルトの表象力学説についてはすでに第4章で述べた。ヘルバルトは主に知的な観念を考えたようだが，フロイトはそれを感情的観念にまで広げた。また彼はハルトマン（E. Hartmann）の無意識の哲学も読んだとのことである。フェヒナー（第4章）の精神物理学でも感覚の閾値以下では意識に上らない感覚の存在を仮定している。ヘルムホルツは第3章に述べたように，空間知覚において感覚にもとづいて対象を知覚するのは無意識的推論によるとしている。ヴントも初期にはこれに従ったが，自分の理論体系を作るに際しては無意識過程を排除した。

　催眠は，古くから神秘的行事や民間療法などと結びついて知られていたが，これを学問的に研究しようとしたのは，18世紀のウィーンの医師メスメル（F. A. Mesmer）に始まるといわれている（Ellenberger, 1970；今田，1952）。彼は磁石で人体をなでて催眠状態が生じることから動物磁気説（animal magnetism）を唱えたが，学界には受け入れられなかった。その後，イギリスの医師ブレイド（J. Braid）が催眠（hypnosis）の名で「神経的な睡眠」（nervous sleep）と考え，科学的研究を試みたところ，彼の死の直前にやっと学界に認められた。これが契機となり，後に一時期フロイトが学んだベルネームやシャルコーにより医学的に研究され治療にも用いられた。ベルネームらは催眠を誰にでも生じ得る正常な状態として扱ったが，シャルコーはヒステリー性の異常な状態とし，互いに論争した。その後，シャルコーの弟子のジャネ（P. Janet）が1892年に『ヒステリーの精神状態（*L'etat Mental des Hysteriques*）』を著し，フロイトの学説より先んじて心的エネルギーと下意識の理論を唱えた（山中，2005）。

いが、これは第7章で論じた、種特有の生得的行動を意味しない。フロイトにおいては、この語は衝動、要求などの広い意味を含んでいて、彼は物理的エネルギーに対応するような心的なエネルギーと考えたようである。ブリュッケの生理学研究室で親しんだエネルギー恒存の法則の影響を受けて、心的エネルギーも発散させるまでは、抑圧しても、姿は変えても、消えてなくなることはないものと考えたようである。したがって抑圧された本能は別な形で出現する。夢や言いちがえや催眠下での言動などがその表れとされた。この本能が解消されないためにヒステリーや神経症が起こると考えた。対話や催眠などによって抑圧されていた本能が想起され、表現されることによって解消されると症状が消えることからカタルシス療法とよんだ。幼児がある発達段階で異性の親を愛し、同性の親をライバル視する傾向がある。これをギリシャ神話にちなんでエディプス・コンプレックスとよび、神経症の原因と主張した。彼は初期には性本能（リビドー、libido）のみを重視したため、多くの批判と誤解を受けたが、次第に自己保存の本能をも重視するようになり、後期には生の本能（エロス）と死の本能（タナトス）を二大本能と考えるようになった。死の本能の発案は戦争神経症などの外傷性神経症における反復強迫に関連した彼の理論的発展とともに、第1次世界大戦期における悲惨な体験の影響も一因とも考えられる。

心の構造

人間は動物と違い、全面的に本能に支配されて行動するわけではない。子どものときから両親にしつけられ、教育されてきた社会的規制や価値、道徳、良心に従いながら外界に適応して生きている。そこでフロイトは、心を図9-4のように3つの部分に分け、

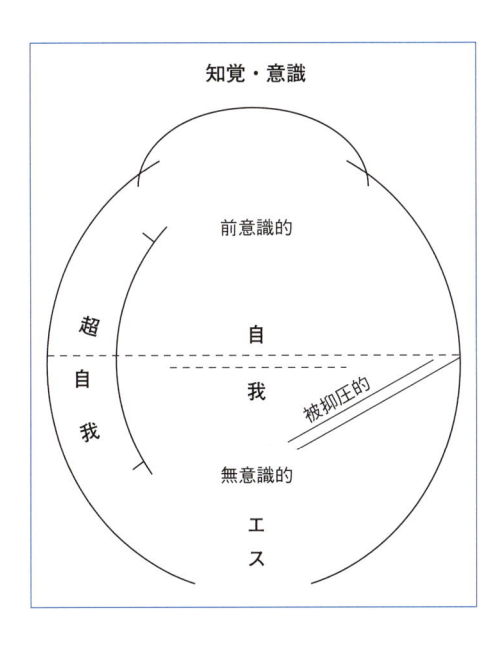

図9-4 心の構造 (馬場, 1994)

本能に従い「快楽原理」に支配される「エス（Es）」または「イド（Id）」とよばれる部分と，社会習慣や道徳や良心に従う「超自我（独：Über-Ich, 英：super-ego）」とよばれる部分と，外界の知覚や記憶，運動による外界への働きかけを行う「自我（Ich, ego）」に分かれると仮定した。自我は，エスと超自我に挟まれ，エスからの突き上げと超自我からの規制を調整しながら，「現実原理」に支配されて，現実社会に適応していく。フロイトは，このような自我を「荒馬（エス）を制御しつつ荒野をいく無力な騎手（自我）」にたとえた。

発達段階論

フロイトは，患者の生活史とくに幼児期の体験を重視した。彼は人の性的発達の段階の区分を試みた。これは人の成長に伴う本能の対象の変化を指す。

口唇期：生後間もない幼児は母親の乳房を求め，乳房を口で吸うことから，栄養と愛情と満足感を得る。口唇が関心の対象となる。離乳後の指しゃぶりはその表れである。

肛門期：次に，トイレット・トレーニングを受ける幼児にとって，肛門は排せつと蓄積に伴う特有の感覚を与えるので関心の対象となる。

男根期：3歳前後より男女の性別を認識するようになると，自己の男根に特別の関心を寄せるようになる。この時期は異性の親に愛着を感じる時期に相当するので，エディプス期ともよばれる。

潜伏期：ついで学童期において性的関心が抑圧され，同性の親を同一視する傾向が形成される時期。

性器期：思春期になって，成人同様の性的関心をもつようになる。

しかし，すべての人が，このような発達過程をたどるとは限ら

Topic 防衛機制

自我は，自我自体を防衛しながら，超自我とエスの力の葛藤に対処し，無意識のうちに現実の問題に対応している場合が多くある。その手段としてさまざまなメカニズムが考えられた。S.フロイト自身により案出され，彼の娘のアンナ・フロイト（Anna Freud, 1895-1982）により1936年に体系化された。その主なものをあげれば，以下のようになる。

抑圧：不安や破局をもたらす欲求を意識にのぼらせないようにする。

昇華：そのままの形では実現がしにくい欲求（多くは性的要求）を，社会的に認められ，文化的に価値ある形で実現する。

同一化：自己に類似している他者を自己と同一視して，その他者の実現により，自分も満足する。

投射：自己の好ましくない性質や態度を他者のせいにする。自分が相手を嫌いなのに，相手が自分を嫌っているように思う。

置き換え：愛や憎悪の対象を別の類似した対象に置き換えてそれらの感情をその別の対象のほうに向ける。

退行：たとえば，幼い弟や妹の誕生により，母親の愛情を奪われると赤ちゃん返りをするように，発達段階が後戻りする。

反動形成：強い性的関心が性への蔑視へ，激しい攻撃性が過度の丁重さとなって表れるように，反対方向の行動として現れる。

合理化：酸っぱいブドウのイソップ寓話のように，実現できないことにもっともらしい理由づけをする。

隔離：観念・記憶などとそれに伴うはずの感情を隔離すること。

ず，途中の段階で欲求不満か過度の充足があると，その段階に固着して不適応となる場合があるという。

● フロイトの後継者たち

アドラー

アドラー（Alfred Adler, 1870-1937；図9-5）はウィーン大学医学部を卒業しすでに開業していたが，フロイトの『夢判断』に感銘を受け，フロイトの研究会に1902年から参加していた。フロイトは自分の弟子の一人と考えていたが，アドラーはフロイトを単に先輩と思っていたようである。この点が，後の決別の原因となったと考えられる（Brown, 1961；野田, 2005）。

アドラーはフロイトに会う以前から，たとえば一方の肺に障害があれば他方の肺がそれを補償するように，身体的障害をもつ患者に補償的に身体変化が生じる事実に興味をもち，心的障害にも心的補償が生じるのでないかと考えた。それが彼の劣等感に対する考えの基礎である。彼は劣等感に対する反応として次の3つを考えた。①成功的補償：社会，仕事，性における努力による克服。②過補償：その努力が過度に表れた場合。たとえば背が低い人が尊大になる。③権力獲得の手段としての病気への逃避。

その後，彼は劣等感の問題に限らず，人の社会との関係を重視し，行動の原因でなく行動の目的に注目した理論体系を構築していった。不適応の問題があれば，患者とともに検討し，代替案を考え，実生活で検討し，望ましい結果が出れば，それを継続するように勇気づける治療法を提唱した。アドラーの心理学は人間としての個別性を重視したので「個人心理学」ともよばれる。

図9-5　アドラー（Alfred Adler, 1870-1937）

ユング

ユング（Carl Gustav Jung, 1875-1961；図9-6参照）はバーゼル大学医学部卒業後チューリヒ大学精神科教授ブロイラーのもとで助手となっていたが，フロイトの『夢判断』に感銘を受けて，彼の門下に入った。1909年のアメリカ訪問にも同道したが，その頃よりフロイトの性欲中心の説とのギャップを感じ始め，1914年に決別し，大学の地位も捨てて独自の道を歩んだ（Brown, 1961；河合, 1976, 2009）。

ユングの説は類型論と無意識論において特徴がある。彼の類型論は第8章で述べたように人を外向型―内向型に分ける。これはフロイトとアドラーの基本的態度の差を観察していて思いついたといわれる。フロイトは人間の行動を規定する要因として，その個人の外界における人間や事件を考えるのに対して，アドラーは，その人の内的な因子，つまり「権力への意志」を重視しているという。同じ場面でも，自分の行動が正しいと確信しきって進み出て反応する人（外向的）と，まず少し身を引いて，そのあとで反応する人（内向的）がいるという。しかし，この2つの態度は完全な形では存在せず，普通は両方の態度をともにもち合わせている。ユングは人の心理機能を思考，感情，感覚，直感とに分け，それぞれの機能に関して，外向―内向に分けられるという。

またユングは無意識を層構造として把握し，個人的無意識と普遍的無意識の層があると考えた。個人的無意識は，意識内容がもともと強度が低いか，その強度を失ったか，意識がそれを回避した内容から成る。普遍的無意識は個人的なものではなく，人類に共通した普遍的なものである。文化を越えて，共通した内容の神話や伝説があるのはそのためであるという。ユングは各地の神話

図9-6 クラーク大学訪問時のフロイトと後継者
前列左からS.フロイト,(G.S.ホール),C.G.ユング,後列左からA. A.ブリル,E.ジョーンズ,S.フェレンツィ。

や伝説を調べ，その共通性を指摘した。

彼は人間の普遍的無意識の内容の表現の中に共通して見出せる型として元型（Archetypus, archetype）の存在を考えた。ペルソナ（外界に対する仮面），影（個人の暗い面），アニマ（男性にとっての女性像），アニムス（女性にとっての男性像），自己，太母，老賢者などがその例であるという。ペルソナと影が心の内外に対極をなし，自己（Selbst, self）が心全体の統合をしていると考えられた。これらの元型がいろいろな形で，神話や人々の夢や幻覚の中に現れる。それらが原始心像である。ユングはこれらの元型が人々の心の理解にきわめて重要であるという。彼の理論体系は分析心理学（analytical psychology）とよばれている。

新フロイト派

サリヴァン（H. Sullivan），ホーナイ（K. Horney），フロム（E. Fromm）らは，細部は異なるが，新フロイト派とよばれている（Brown, 1961）（図9-7参照）。彼らの共通点は①フロイト自身は生物学的要因を強調するが，彼らは社会的・文化的要因を重視する。②エディプス・コンプレクスや女性の劣等感などは文化的特性で，普遍性はないとする。③性格の形成，不安の形成，神経症について，人間の相互作用が重要である。④性格は性的発達の産物でなく，性格は性的発達を規定すると考える。

● 精神分析学の影響

精神科医であったフロイトに始まる精神分析学は，その後の心理学に大きな影響を与えた。

1. 直接的影響としては，精神分析学が心理的不適応者の診断や治療に生かされ，精神科医のみならず臨床心理学者がそれに参加

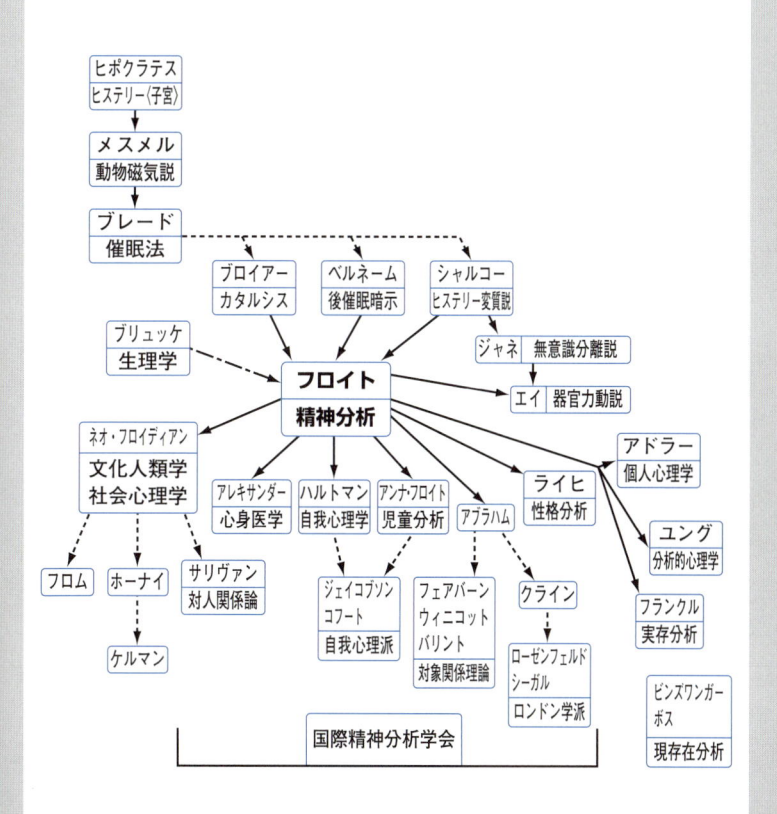

```
┌─────────────┐
│ヒポクラテス │
│ヒステリー〈子宮〉│
└──────┬──────┘
       ▼
┌─────────────┐
│  メスメル   │
│ 動物磁気説  │
└──────┬──────┘
       ▼
┌─────────────┐
│  ブレード   │
│  催眠法     │
└─────────────┘
```

        ┌──────────┐ ┌──────────┐ ┌──────────┐
        │ブロイアー│ │ベルネーム│ │シャルコー│
        │カタルシス│ │後催眠暗示│ │ヒステリー変質説│
        └──────────┘ └──────────┘ └──────────┘

┌──────────┐   ┌────┐┌──────────────┐
│ブリュッケ│   │ジャネ││無意識分離説│
│ 生理学   │   └────┘└──────────────┘
└──────────┘   ┌──────────┐   ┌────┐┌──────────────┐
                     │ フロイト │   │エイ││器官力動説 │
┌──────────────┐   │ 精神分析 │   └────┘└──────────────┘
│ネオ・フロイディアン│   └──────────┘   ┌──────────┐
│ 文化人類学   │   │ アドラー │
│ 社会心理学   │   │個人心理学│
└──────────────┘   ┌────────┐   └──────────┘
                                                      │ ライヒ │
        ┌──────────┐┌──────────┐┌──────────┐┌────────┐│性格分析│   ┌──────────┐
        │アレキサンダー││ハルトマン││アンナ・フロイト││アブラハム│└────────┘   │ ユング   │
        │ 心身医学 ││自我心理学││ 児童分析 │└──────────┘   │分析的心理学│
        └──────────┘└──────────┘└──────────┘   └──────────┘

┌──────┐┌──────┐┌──────────┐┌──────────┐┌──────────┐┌──────────┐   ┌──────────┐
│フロム││ホーナイ││サリヴァン││ジェイコブソン││フェアバーン││クライン │   │フランクル│
└──────┘└──────┘│対人関係論││コフート ││ウィニコット│└────┬─────┘   │実存分析 │
   │   └──────────┘│自我心理派││バリント │   ▼   └──────────┘
   ▼   └──────────┘│対象関係理論│┌──────────┐
┌──────┐   └──────────┘│ローゼンフェルド│   ┌──────────┐
│ケルマン│   │シーガル │   │ビンズワンガー│
└──────┘   │ロンドン学派│   │ ボス   │
                                                      └──────────┘   │現存在分析│
                   └────────────── 国際精神分析学会 ──────────────┘   └──────────┘

図9-7　フロイトの系譜（馬場，1994）

するようになった。
2. 一般心理学において，外界からの刺激だけでなく，行動の原動力である個体内部の欲求を重視するようになった。
3. 意識過程のみならず無意識過程の重要性が認識された。
4. 性格形成における幼児期の経験を重視するようになった。
5. 芸術，宗教，文化，社会の諸問題の理解に新しい視点を与えた。

Topic 投映(影)法検査 (projective methods)

この用語は1939年にフランク（L. K. Frank）によってはじめて使用された語といわれるが，その例としてロールシャッハ・テスト，TAT，P-Fスタディ，描画法，文章完成テストなどがあげられる。被検者の内面的な願望や感情や葛藤を導きだそうとする点では，精神分析学と共通の考え方に立っている。時代的にも精神分析が成立してからである。左右対称のインクのしみを見せて，何に見えるか答えてもらうロールシャッハ・テストは1921年に提案されたものであり，危機的場面を暗示するような対人場面を描いた図からなるTAT（Thematic Apperception Test，主題統覚テスト）はマレー（H. A. Murray）らによって1935年に開発された。P-Fスタディ（Picture-Frustration Study）はローゼンツヴァイク（S. Rosenzweig）が1945年に案出したもので，欲求不満の場面を描いた絵を見せて，図中の人物になったつもりでの発言を記させるものである。自由に木を描かせるバウムテストは1949年にコッホ（K. Koch）によって発案されている。文章完成テストは，もともとはエビングハウスによって19世紀末に言語能力のテストとして発案されたが，その後，投映法として用いられるようになった。たとえば「子どもの頃私は……」といった未完成な文章を完成させるテストである。これらのテストはみな，未組織で，多義的で，あいまいで，正答というものがなく，さまざまな回答が可能である。また質問紙検査法と違って被検者が，意図的に自分をつくろう余地が少ない。主として臨床的場面で使用される。

●●●● 参考図書

福島　章（1990）．精神分析学　大山　正・金城辰夫・岡本夏木・高橋澪子・福島　章　心理学のあゆみ（新版）　有斐閣新書C-17　有斐閣　pp.111-146.

馬場禮子（1994）．精神分析学と臨床心理学　梅本堯夫・大山　正（編著）心理学史への招待――現代心理学の背景――　サイエンス社　pp.183-202.

　これら2編はコンパクトながら適切な精神分析の解説である。

フロイト，S.　懸田克躬（訳）（1966）．精神分析学入門　世界の名著49　中央公論社

　フロイトの生涯と学説の発展の解説と，『精神分析学入門』の翻訳書。

小此木啓吾・馬場謙一（編）（1977）．フロイト精神分析入門　有斐閣新書D3　有斐閣

妙木浩之（2000）．フロイト入門　ちくま新書254　筑摩書房

　これらはフロイトの精神分析学の解説書。

ブラウン，J. A. C.　宇津木　保・大羽　蓁（訳）（1963）．フロイトの系譜　誠信書房
　（Brown, J. A. C. (1961). *Freud and the post-Freudians.* Penguin Books.）

　フロイトとその後継者たちとそれぞれの学説の解説書。

末永俊郎（監修）河合隼雄・木下冨雄・中島　誠（編）（2005）．心理学群像2　アカデミア出版会

　シャルコー，ジャネ，フロイト，アドラーの生涯と学説が取り上げられている。

ゲシュタルト心理学 10

　19世紀においては，自然科学の世界でもドールトンの原子論や生物学における細胞説など，要素の集まりとして，全体を理解する風潮が強かった。心理学でも，19世紀には連合主義の心理学では観念連合として，またヴントらの心理学においては心的要素の集まりとして意識を考える構成主義として，要素論が主流を占めていた。これに対して，20世紀初頭にドイツに現れたゲシュタルト心理学は，「全体は単なる要素の集まりでない」という全体論の立場に立って，心理学に新風を与えた。その後ゲシュタルト心理学者の多くはナチスに追われ，アメリカに移動してアメリカ心理学に大きな影響を与えた。とくに我が国においては，昭和初期に紹介されて以来，心理学界に強い影響を与えている。

要素観から全体観へ

19世紀が終わりを告げる頃になると,連合主義から構成主義に受け継がれた要素観の限界が次第に明らかとなり,全体観への模索の動きがみられるようになってきた。まず,物理学者であり,感覚のみをすべての科学の出発点として科学論を展開したマッハ (E. Mach) がその著『感覚の分析への貢献 (*Beiträge zur Analyse der Empfindungen*)』(1886年) において,円や四角などの形を「空間的形態の感覚」とよび,メロディを「時間的形態の感覚」とよんで,たとえば円を構成する色や線などの要素や,メロディを構成する音が変わっても,形やメロディそのものは変わらないことを指摘している。

ブレンターノ (第6章参照) に学んだ心理学者であるエーレンフェルス (C. von Ehrenfels) は,このマッハの説に賛同し,1890年に「形態質について (*Über Gestaltqualitäten*)」という論文を発表した。彼はマッハと違って,形態は独立の感覚ではなく,要素的感覚がある仕方で集まった際に,新たに生じる性質であるとして「形態質」とよんだ。この形態質は,要素の単なる結合ではなく,要素の結合の上に存在するものであり,要素とはある程度独立した新しい性質と考えた。たとえばあるメロディは,それを構成する個々の音の高さを一斉に高くしたり低くしたりして転調しても,メロディ自体は同一に保たれる。同様に,円は大きくても小さくても,白くても黒くても円である。このような特性を「移調可能性」とよんだ (p.183 Topic参照)。これは,その後ゲシュタルト心理学でもきわめて重視され,発展した概念である。しかし,彼は,要素を1次性質として,その上に2次的に付け加えられるかあるいは産出された性質として形態をみる観点から離

Topic　フランクフルトでの出会い

　ゲシュタルト心理学の創始者としては，ウェルトハイマー（Max Wertheimer, 1880-1943；図10-1）を中心にケーラー（Wolfgang Köhler, 1887-1967；p.185 図10-3），コフカ（Kurt Koffka, 1886-1941；p.185 図10-4）の3人の名があげられるが，この3人の出会いは一つの偶然によるという。1910年夏，ウィーンからライン地方へ行く旅の途中にあったウェルトハイマーは，汽車の中で仮現運動（見かけの運動）に関する実験のアイディアを思いつき，フランクフルトで途中下車しておもちゃのストロボスコープを買い求め，ホテルで実験のための図形をつくった。

　当時，フランクフルト大学には旧知のシューマン（F. Schumann）が教授として着任したばかりであったので，ウェルトハイマーは彼に頼んで実験室を借りてさっそく実験にとりかかった。シューマンは喜んで，実験室だけでなく新しい実験装置（タキストスコープ）も提供した。そのとき，

図10-1　ウェルトハイマー（Max Wertheimer, 1880-1943）

（p.177に続く。）

れられず，修正された要素観から脱することができなかった。そのため本格的な全体観に立つゲシュタルト心理学からのちに批判される運命にあった。

🔵 仮現運動の研究

　ゲシュタルト心理学誕生のきっかけとなったウェルトハイマーの「仮現運動」の研究とはどのようなものであったのだろうか（p.175 Topic参照）。彼が最初に用いたストロボスコープとは，わずかずつ違った絵を次々に見せる器械で，そこで見られるのは一種の単純な動画である。これで見ると絵の中の人や物が動いて見える。実際には静止した絵が継時的に提示されているにすぎないのに，運動が見える。したがって，これは「見かけの運動」すなわち仮現運動（独：Scheinbewegung，英：apparent movement）である。

　これは，少しずつ違った静止画像からなる映画やテレビで動きが感じられるのと同じ現象であり，今日では誰でも知っていることである。当時でも，とくに珍しい現象ではなく，すでに心理学者による研究もあった。しかし，なぜ静止したものが動いて感じられるかについては，十分解明されてはいなかった。心理学的説明はあるにはあったが，あくまで要素観にもとづいたもので，ウェルトハイマーらをとうてい納得させるものではなかった。

　ウェルトハイマーはきわめて単純な条件下で仮現運動の実験を行った。図10-2のように，a，b 2本の線を平行またはある角度をなすように配置し，タキストスコープで暗黒中にごく短時間（たとえば約0.02秒）次々に提示した。すると，aが消えてからbが提示されるまでの間隔時間の長短によって，いろいろな見え方

(p.175より続く。)

その実験の被験者として協力したのが，当時フランクフルト大学の助手であったケーラーとコフカの2人であった。それ以来，3人は協力しあい，新しい心理学説としてのゲシュタルト心理学をつくりだしていった。

そのとき，ウェルトハイマーはヴュルツブルク大学のキュルペ（第6章参照）のもとで学位を得て6年後であり，ケーラーとコフカはともにその前年にベルリン大学でシュトゥンプ（第6章参照）のもとで学位をとりたてであった。それぞれ既成の心理学に満足できず，新しい方向を求めていたので，活力にあふれた研究グループが誕生した。そして，この仮現運動の研究がウェルトハイマーによって「運動視の実験的研究」として発表された1912年が，ゲシュタルト心理学がはじめて心理学界に姿を現した年とされている。

この3人によって発足したゲシュタルト心理学のグループには，次第に多くの人々が参加して，1つの大きな学派となった。その中の一人であるレヴィン（Kurt Lewin, 1890-1947；p.185 図10-5）は，要求や行動の問題にゲシュタルト心理学説を適用して，独自の学説を展開し，他のゲシュタルト学派の人々とはやや独立した研究集団を組織し，その後社会心理学の発展に大きく貢献した（第13章 p.248 Topic 参照）。

これらの人々は，その後ベルリン大学を中心に活躍したが，ナチスの台頭によりアメリカに移住し，アメリカの心理学界にゲシュタルト心理学を普及させることになる。

が生じる。その間隔時間がごく短い（0.03秒程度）と，2本の線が同時に提示されたように見える（同時時相）。また，間隔時間が比較的長い（約0.2秒）と，2本の線がそれぞれの位置に互いに無関係に次々に出現したように見える（継時時相）。ところが，間隔時間がその間の適当な長さ（たとえば彼の実験条件下では約0.06秒）であると，そのいずれとも違った見え方，すなわち，見事な運動が見える（最適時相）。このように1本の線がaの位置からbの位置へ運動して見える。これが仮現運動である。aの線，bの線のいずれでもない印象が，aとbの間を埋めているのである。ウェルトハイマーはこれを「現象」の意味で，ϕ（ギリシャ文字フィー，ファイ）で表したので，この種の仮現運動のことを「ϕ現象」ともいう。

この仮現運動の現象は，それ以前の学説によっても説明が試みられていたが，ウェルトハイマーの研究結果は，それらのいずれをも打ち破るものであった。たとえば，a，bそれぞれに対応する2つの感覚の上に過去経験などにもとづいて特殊な性質，記憶像，推理，判断などが付け加わったとして説明しようとする立場がある。しかし，この現象は観察者の知識や態度によらず実に明瞭に現れるものであり，時にはaもbもはっきり見えずに，運動する対象自体の印象は不明確なのに，運動印象のみは明らかである場合がある（純粋ϕ）。それゆえ運動印象はaとbの感覚の上に付け加わったものとはいえない。また眼球運動によって仮現運動を説明する人もいた。しかし，図10-2（C）のように，2組のaとbを用いると，上に向かう仮現運動と下に向かう仮現運動とが同時に見える。これは眼球運動説で説明しようとしても，眼球が2つの方向に同時に動くことを仮定しなければならないから，これ

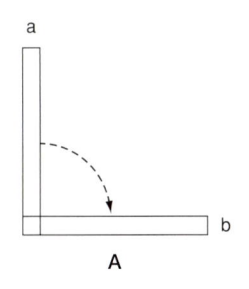

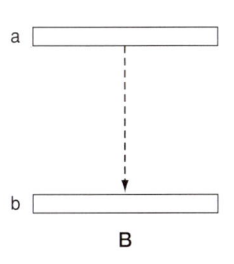

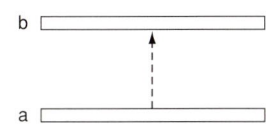

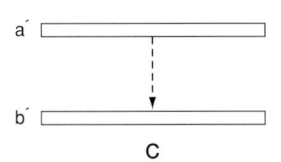

図10-2　仮現運動（Wertheimer, 1912）

ではとても説明できない。残像によって説明しようとすると、残像の影響が考えにくいような網膜上でずいぶん離れた箇所へも仮現運動が生じる点から批判される。注意の動揺によるという説には、注意をある一点に集中した際にも視野中の他の箇所に良好な仮現運動が観察できる事実が、反証とされる。

それなら、どのようにして説明すべきだろうか。それは、刺激aとbにもとづく別々の生理過程によって別々に生じた心理過程からこの現象を説明するのでなく、刺激aとbを一組とした刺激全体に対応する連続した一まとまりの中枢生理過程を考え、それは局所a, bにおけるだけでなく、a, b間に横の相互作用をもたらすものであると仮定した。すなわち、ϕは心理的に補充されるものではなく、生理過程にすでにϕに相当したaからbへの横の連絡があると考えたのである。もとより、この説は当時の生理学的方法によっては検証不可能な想像による仮説であるが、それまでの心理学説とはまったく異なった方向を向いたものであった。

● 要素観からの脱却

ウェルトハイマーの有名な「ゲシュタルト学説の研究Ⅱ」(1923年) と題する論文は次のことばで始まる。

「私は窓辺に立って家や木々や空を見る。その場合、理論的根拠から数えあげて、あそこに327の明るさ（と色調）があるということもできるだろう（私は327を見るであろうか。いや、私は空と家と木々を見る。誰も327自体として見ることはできない）。いまこの奇妙な計算で、たとえば、家が120、木々が90、空が117と仮にしたところで、私はいずれの場合にもこのまとまったものやあの離れているものを見るのであって、127と100と100

Topic ゲシュタルトとは

ゲシュタルト学説の「ゲシュタルト」とはいったい何を指すのか，その名の由来について簡単に述べよう。ゲシュタルト心理学者自身がいつから自分たちの立場をゲシュタルト心理学とよび始めたのかは明瞭ではないが，1913年のコフカの論文は「ゲシュタルト心理学への寄与（*Beiträge zur Psychologie der Gestalt*）」と名づけられている。その後，「ゲシュタルト学説」（Gestalttheorie），「ゲシュタルト心理学」（独：Gestaltpsychologie，英：Gestalt psychology）などのことばが盛んに使われるようになっている。

ゲシュタルトは「形態」を意味するドイツ語Gestaltにもとづいているが，単なる形という意味以上に独自の意味があるので，英訳の際も通常Gestaltのまま用いている。それほど，このゲシュタルトの語は含蓄が深いものである。1つの全体としてまとまり，かつその中がいくつかの部分に分節しながらも，機能的に1つの単位をなし，他のゲシュタルトと区別されるそれぞれの個性をもったものなのである。

とか，150と177を見ることはない。」

　ここでは，われわれの知覚を例にとり，特殊な分析をすれば，多数の色や明るさの部分に分解可能な場面であっても，それらがバラバラな部分として並んでいるのではなく，常に家や木や空というまとまりをなして現れていることを強調している。このような日常的なありふれた場面であっても，けっして単純な要素の集合ではないことを例示している。

　彼は，すでに「ゲシュタルト学説の研究Ⅰ」（1922年）において，過去の心理学説（ヴントなどを指す）が要素の寄木細工的な集合として心理過程を考えようとすることを指摘し，それらを「寄木細工的仮説（モザイク）」または「束仮説（たば）」とよび，批判している。

　過去の心理学は，どのような仮面をかぶっていても結局はすべて，このような要素観の上に立っているというのである。連合主義もヴントの構成心理学もすべて要素の集まりとして心的過程を考えた。J. S. ミルの心的化学（第2章参照）とかヴントの創造的綜合の原理（第5章参照）といっても，基本としては要素の寄木細工的総和の上に付け加えられたものにすぎない。エーレンフェルスの形態質でさえ，要素そのものは単純加算的に集合するという前提の上に，プラスアルファされるものとして考えられている。同様の批判は，ゲシュタルト心理学と同時代に始まった行動主義（第11章参照）が，さまざまな単純な刺激—反応の集合として行動を説明する立場に対しても向けられた。

　前述の仮現運動の例でいえば，継時的に提示される直線は，仮現運動を構成する刺激要素であるが，各直線に対応する2つの感覚を単純に集めてみても仮現運動はまったく生じない。そこで2つの直線の感覚を加算した上に運動印象をプラスして説明しよう

Topic　動物の移調実験

　移調（transposition）の現象は，ヒトの聴覚に生じるだけでなく，動物にも，また他の感覚領域においても生じる。ケーラーはヒヨコやチンパンジーやヒトの子どもを用いて，明るさの知覚ないし選択行動における移調の現象を見出した。まず，中灰と暗灰の紙を並べ，中灰を選ぶと餌などのほうびが得られる事態で訓練をして，中灰を選ぶことを十分に学習しておいてから，今度は明灰と中灰を提示する。すると，ヒヨコもチンパンジーも子どもも多くの場合，訓練のときに選ぶように学習したはずの中灰を選ばずに，新たに導入された明灰を選んだのである。この行動は，刺激と感覚，あるいは刺激と反応が1対1に恒常的に結合していると考えたのでは説明できない。しかし，被験動物（あるいは子ども）は，訓練中に2つのうちの明るいほう（中灰）を選ぶことを学習し，検査の際も，そのとき提示されている2つの紙のうちの明るいほう（明灰）を選んだのだと考えれば，彼らの行動は容易に説明できる。すなわち，彼らの知覚ないし行動において，明るさの移調が生じたのである。そして，同じ中灰の紙が訓練時には2つのうちのより明るいほうとしての役割を果たし，検査時には，より暗いほうとしての役割を果たしたのである。同じ要素が，それが組み込まれる全体に応じて，まったく異なった部分として機能したのである。

とするのは過去の心理学であり，ウェルトハイマーが寄木細工的仮説として大いに批判したものである。2つの直線はもはやバラバラの断片ではなく，互いに関連しあって，一連の全体過程の部分を構成している。それに対応する全体的生理過程が運動印象を生みだしているのである。その全体過程の中では個々の直線の感覚を別々に取りだすことは困難となる。このような全体過程は，要素に分解することなく，全体過程のまま研究すべきであるという。刺激の全体的時間空間的布置とそれによって生じる全体的心理過程を対応させるべきであり，また，それらの基礎となる生理的過程を考える場合にも，全体的生理過程を考えるべきであるとされた。

全体による部分の規定

全体的特性による部分の規定を考えるためには，前述のメロディの例をあげるのが明瞭であろう。あるメロディをある音の高さで演奏した場合と，転調して，音の高さを変えて演奏した場合とを比較すると，同じ高さの音がメロディのまったく違った位置に用いられている場合があろう。それにもかかわらず，それらは2つの演奏の中で非常に異なった役割を果たしている。一方，メロディの中で同じ役割を果たしている音の高さは両者の間ですべて異なっているのに，全体としてのメロディは同じである。エーレンフェルスが指摘したように，メロディは移調可能な全体特性なのである。

群化の法則

すでに述べてきたように，全体は要素の単なる寄木細工的な集

図10-3 ケーラー
(Wolfgang Köhler, 1887-1967)

図10-4 コフカ
(Kurt Koffka, 1886-1941)

図10-5 レヴィン
(Kurt Lewin, 1890-1947)

群化の法則

まりではなく，それ自体，構造化し，ゲシュタルトを形成し，内的法則性をもち，部分はその全体によって規定されている，とゲシュタルト心理学者たちは繰返し強調する。それならば，それらはどのように構造化されているのだろうか，それを規定する法則はいかなるものなのだろうか。

ウェルトハイマーは，きわめて単純な点や線の図形を用いて，それらがバラバラのものとしてではなく，自ら「まとまり」をつくって見える群化の現象を例として取りあげて，その群化を規定する要因を探究し，次のような諸要因（法則ともよばれる）を見出した（Wertheimer, 1923）。

1. 近接の要因

たとえば図10-6(a) のように他の条件が一定ならば，互いに近い距離にあるもの同士（1—2，3—4，5—6）がまとまって見える。

2. 類同の要因

各種のものがある場合，図10-6(b) のように他の条件（たとえば間隔・距離）が一定ならば，類似なもの（同色のもの）同士がまとまって見える。

3. 閉合の要因

たとえば，図10-6(c) において閉じた領域をつくるものがまとまりやすい。図中の1—2と3—4がそれぞれまとまりやすく，1—3と2—4のようなまとまりは生じにくい。

4. よい連続の要因

たとえば，図10-6(d) のように，なめらかな経過またはよい連続を示す。1—4，2—3がまとまりやすく，互いに近接していても1—2，3—4のようなまとまりはほとんど生じない。また図

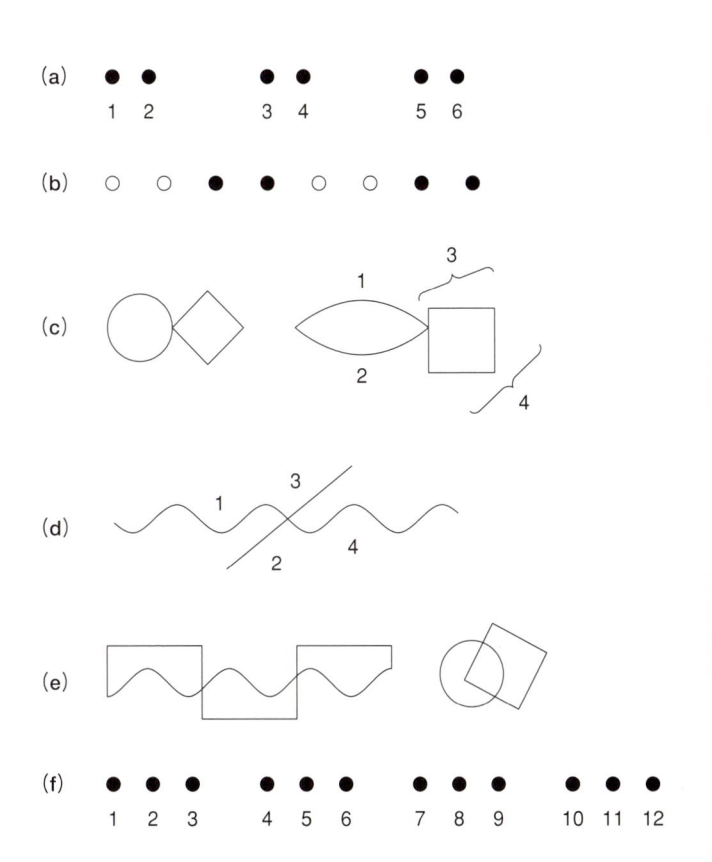

図10-6 群化の諸要因（Wertheimer, 1923）

10-6の(e) の左側では，閉合の要因によれば3つの閉じた部分に分かれてまとまるはずであるが，よい連続の要因のほうが勝って，波形と矩形の折線に分かれてまとまりやすい。

5. よい形の要因

図10-6(e) の右図は閉合の要因によれば，左，中，右の3つの部分にまとまるはずであるが，円形と四角形と見たほうがよい形となる。このように，よい形，すなわち，単純で，規則的で，対称的な形が結果するようにまとまる傾向がある。

6. 共通運命の要因

たとえば，図10-6(f) において12個の点は通常3個ずつ4群に分かれて見えるが，今もし3—4—5，9—10—11の6つの点が同時に上方に動いたとしたら，それまでの4群は解散し，動いたもの同士，止まっているもの同士の群化が生じる。このように運動や変化の運命をともにするものがまとまって見える傾向がある。

7. 過去経験の要因

たとえば，図10-7(a) はjuniと見えて，(b) のようには見えないのは，ローマ字を過去経験で学んでいるからである。しかし，連合主義以来の過去の多くの心理学者は，この要因の効果を過大評価して，その他の要因も，すべてこの過去経験の要因に帰せようとしたが，この要因の効果は他の形態的要因に比べると弱いものである。図10-7(c) にはウェルトハイマーの名と姓の頭文字であるMとWが含まれていて，それらの文字はウェルトハイマー自身が生まれてから非常に多数回経験しているものであるにもかかわらず，MとWとに分かれては見えないことを指摘している。この場合，過去経験の要因よりも，よい連続の要因やよい形の要因のほうがわれわれの知覚に強い効果を与えているのであ

(a) juni

(b) ju ru

(c)

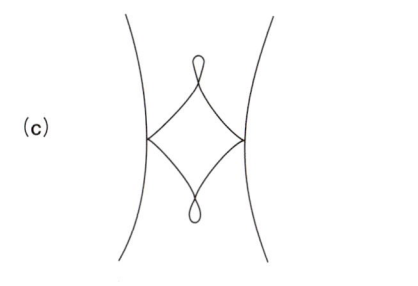

図10-7 過去経験の要因（Wertheimer, 1923）

る。群化の法則にはこの他に「客観的構えの要因」などがある。

これらの要因によって、視野は全体としてもっとも簡潔で秩序ある統一的なまとまりを生じるように現れることを、ウェルトハイマーは指摘した。これを**プレグナンツの原理**という。

全体がいくつかの群として群化すれば、それらの群と群とは分離する。したがって、群化は別の面からみれば分節である。群化と分節が生じると全体は構造化する。このような構造化は知覚だけではなく、多くの心理現象に関して認められる。したがって、この**群化の諸要因**も多くの心理現象に通じるものと考えられた。これは**ゲシュタルト要因**、または**ゲシュタルト法則**とよばれる。

● 過去経験の効果

ゲシュタルト心理学といえども、過去経験の効果をまったく認めないで、すべての心的活動が生得的に整えられていると考えているわけではない。しかし、安易に過去経験をもちだして説明原理として利用することには強く反対している。ウェルトハイマーは、それ以前の心理学における過去経験、とくに連合の取扱い方の本質を、前出の寄木細工的仮説と並べて「連合仮説」とよんで批判している。

ゲシュタルト心理学者のゴットシャルト（K. Gottschaldt）は知覚に及ぼす経験効果について組織的な研究を行って、**過去経験の効果**がいかに弱いものかを示した（Gottschaldt, 1926）。彼は図10-8(a) のような簡単な図形5種と、(b) のような複雑な図形31種を用いて、第1群の被験者には (a) を各3回見せてから、また第2群の被験者には (a) を各520回ずつ見せてから、次に(b) 図形を提示した。その結果では (b) 図形中に (a) 図形の

(a)　　　　　　　　(b)

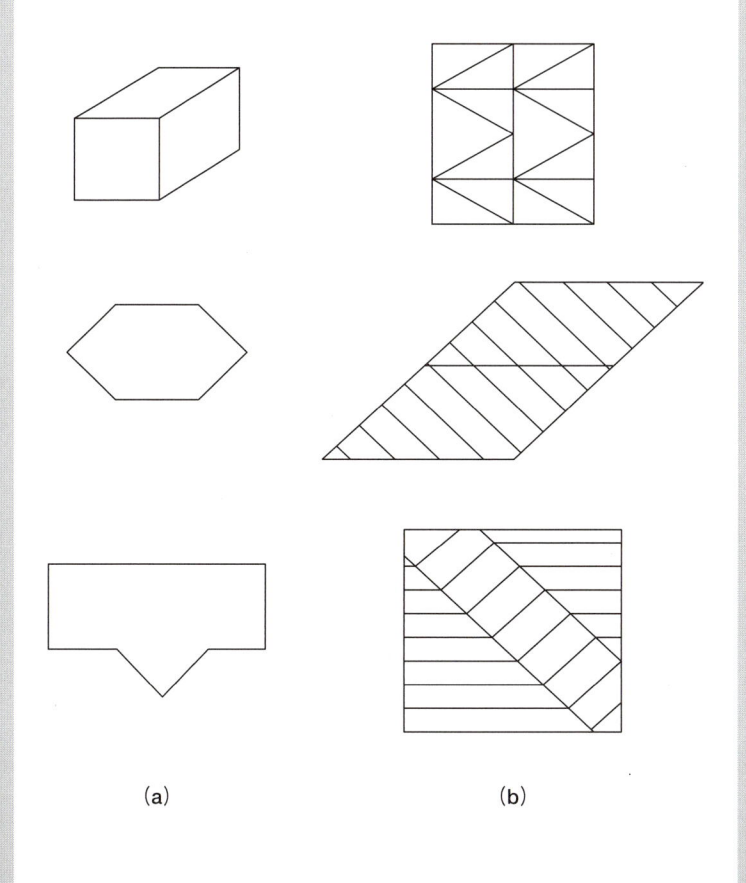

図10-8　過去経験の効果 (Gottschaldt, 1926)

存在を自発的に多少とも気づいた場合は第1群で6.6％，第2群で5.0％であり，ともに非常に低い値である。しかも3回提示と520回提示を比べると，かえって520回提示の第2群のほうがわずかに低い成績である。反復回数の効果はまったくないといってよい。

これらの被験者に翌日，第1群にはさらに（a）図形を2回ずつ，第2群には20回ずつ提示してから，（b）図形中に（a）図形を探すように教示したところ，両群とも発見率は約30％に上昇したが，2群間にはほとんど差はなかった。この実験条件下に関するかぎり，単なる反復経験回数の効果はまったく認められなかったといってよい。

現象学的方法

現象学的方法をとることもゲシュタルト心理学の一つの特徴である。心理学的問題の研究における現象学的方法の適用は，けっして目新しいものではなかった。第3章で述べたゲーテの色彩研究，ヘーリングの視覚研究などがその例であった。特殊な仮説や分析的態度によらず，自分の直接経験をありのままに自由に記述することである。ゲシュタルト心理学が勃興する直前に，ゲッティンゲン大学において，イェーンシュ（Erich R. Jaensch, 1883-1940），カッツ（David Katz, 1884-1953），ルビン（Edgar Rubin, 1886-1951）などによって現象学的方法を用いた優れた研究がなされていた。彼らは，刺激条件の設定ならびにその組織的変化に実験的手法を駆使しており，彼らの立場は実験現象学といわれる。

カッツの色の現れ方の研究，ルビンの図と地の研究がとくに有名である。これらの研究成果はゲシュタルト心理学に大きな影響

Topic チンパンジーにおける洞察

　単純な経験頻度説批判のゲシュタルト心理学者の鋒先は，当然，連合心理学に対してだけでなく，行動主義的な学習説にも向けられた。ケーラーは1913年より1920年までアフリカのカナリア群島にある類人猿研究施設の所長としてチンパンジーを用いた実験に従事し，その成果を『類人猿の知恵試験（*Intelligenzprüfungen an Menschenaffen*）』（1917年）として出版した。その中で，チンパンジーが課題を解決するのは，試行錯誤説（第11章参照）のいうような過去の偶然による部分的成功が寄せ集まって生じるのではなく，全体場面の機能的構造が正しく把握された場合に「洞察的」に解決されるのだという。洞察とは対象と自己の間や，物と物との間に，適応に役立つ関係を認知することを意味する。

　たとえば，あるチンパンジーの檻の外に好物のバナナを置くと，チンパンジーは手を伸ばしてバナナを取ろうとするが届かない。両唇を突きだし，哀願する目つきで実験者を見つめ，手を差し伸ばし，すすり泣くような声を出す。しばらくそのような身振りをしているが，バナナが置かれてから7分後に，棒のほうを見たときに，急にだまり込み，棒を取りあげ，柵から差しだしてバナナを引き寄せた。他のチンパンジーの場合も，棒を使った解決は突然やってきた（チンパンジーは第7章で述べたように，棒や箱を道具として使用できる）。彼はこのような過程を「洞察」または「見通し」（独：Einsicht，英：insight）とよび，場面の構造の把握によって生じると考えた。ソーンダイク（第11章参照）の問題箱実験などは，このような「洞察」が生じにくい複雑な仕掛けの問題箱中でなされる特殊な場合と考えるのである。

を与え，彼らもゲシュタルト心理学に共鳴し，互いにきわめて近い立場にあった。ゲシュタルト心理学者も実験現象学的方法を広く用いているが，現象学にとどまらず，その背後にある原理に対してゲシュタルト理論を展開しようとする点が異なっている。

典型的な実験現象学の成果であり，ゲシュタルト心理学の基本概念としてただちに取り入れられたルビンの図と地の研究を例として述べよう。

彼は不規則な形を多数用いて，それらを一つひとつ投影して記憶の研究を行っていたところ，被験者の中に，内側の領域の形を知覚しないで，それを囲む外側の暗黒の形を知覚し記憶する者がいた。彼は，このように，刺激条件が一定でも，形として浮き上がる領域とその背景となる領域があり，時によりその関係が逆転することに注目し，図（独：Figur，英：figure）と地（独：Grund，英：ground）とよんで，これらの見え方を区別した。図10-9では，中央の白の盃の形の部分が浮き上がって図になる場合と，左右の2つの黒の横顔の領域が図となる場合が交替で現れる。一方が図となると他は地となる。

ルビンによると図と地の現象的差異は，次のようなものである。
1. 図となった領域は形をもつが，地となった領域は形をもつとはいいがたい。
2. 2つの領域を分ける境界線は，図となった領域の輪郭線となり，図の領域の末端として図に所属し，地の領域には所属しない。
3. 地は図の背後まで拡がっている印象を与える。
4. 図は物の性格をもつ。地は材料の性格をもつ。
5. 図になった領域は地になった領域に比べて，より豊かな，より分化した構造をもち，一つひとつの領域が個性的である。

図10-9　図一地反転図形（Rubin, 1921）

6. 地として現れた場合よりも，図として見られた場合のほうが，色がかたく，密で，定位が確定的である。
7. 通常，図は地の前方に定位する。
8. 地よりも図のほうが迫力があり，意識の中心となりやすい。

これらは現象学的観察によって見出された図と地の差異である。これは，誰しも日常的に経験しているところであるが，このような明確な形で表現されたことがなかった。内観法のように特別な訓練を経ることなしに観察できる現象の本質を，洞察力をもって把握し記述するのが現象学的方法の特色である。実験現象学では，さらに，いかなる条件下で図が生じやすく，いかなる場合に地となるかが実験的に分析される。

しかし，ゲシュタルト心理学者はそれだけでは満足せず，知覚全般における図と地の位置づけをして，それらの現象的差異と，刺激条件などとの関連の根底にあるメカニズム（生理学的過程を含めて）をゲシュタルト理論の立場から探究しようとした（p.198 Topic 参照）。

● ● ● 参考図書

ケーラー，W. 田中良久・上村保子（訳）(1971)．ゲシュタルト心理学入門　東京大学出版会
　(Köhler, W. (1969). *The task of Gestalt psychology*. Princeton University Press.)

　ケーラーの晩年の講演にもとづくゲシュタルト心理学の基本的立場とその成果の解説。

コフカ，K. 鈴木正弥（監訳）(1988)．ゲシュタルト心理学　福村出版
　(Koffka, K. (1935). *Principle of Gestalt psychology*. Harcourt Brace.)

　コフカがまとめたゲシュタルト心理学の広範囲の成果の翻訳。ゲシュタルト心理学の全貌が描かれている。

野沢　晨 (2005)．ウエルトハイマー，コフカ，ケーラー――ゲシュタルト心理学派――　末永俊郎（監修）鹿取廣人・鳥居修晃（編）心理学の群像1　アカデミア出版会　pp.203-228.

　3人のゲシュタルト心理学者の生涯と貢献の解説。

Topic 心理物理同型説

心理物理同型説（psychophysical isomorphism）の構想も，最初のゲシュタルト心理学的研究であるウェルトハイマーの「運動視の実験的研究」（1912年）にすでに示されている。彼は，生理過程においては2つの刺激に応じた2つの興奮が別々に生じていて，心理作用によってその2つの興奮を関係づけて運動のように錯覚するのだ，というような従来の考え方に強く反対する。2つの刺激に起こされた興奮は，生理過程からすでに1つの過程として，実際運動によって起こされた生理過程と同様な，横の移行を示しているのだと考えた。

ケーラーは『静止および定常状態における物理的ゲシュタルト（*Die physischen Gestalten in Ruhe und im stationären Zustand*）』（1920年）において，ゲシュタルトの諸原理が物理現象でも成り立っていることを強調するとともに，大脳生理過程も物理現象であり，ゲシュタルトの諸原理の支配下にあり，心理現象がゲシュタルト性を示すのは，それを支えている生理過程にゲシュタルト性があるからだと主張した。これは一種の心身平行説で，生理過程と心理過程という異質の過程において，機能的に同じ形式の過程が同時平行的に生じていると考えるのである。そして，それらがともにゲシュタルトの諸原理に従っているとする。もし，それが正しいならば，生理学的方法を用いなくても，心理現象を研究することによって，それに対応する生理過程も推定できるであろうとする。これが心理物理同型説である。

ケーラーはこの仮定のもとに，大胆な生理的モデルを提出した。今日の生理学的知見からみるとあまりにも空想的であるが，一つのモデルとしては興味深い。

ケーラーはさらに図と地の現象的特性の差異も，それぞれの領域に対応した生理的過程の差異によると考えるとともに，後年の『心理学の力学説（*Dynamics in Psychology*）』（Köhler, 1940）では，持続視は図の領域の生理過程の一種の飽和を生じさせて，次第に図として現れにくくなり，ついには「図―地反転」に対応するような生理的変化を起こさせ，さらに，その反転速度を次第に速めるような飽和の蓄積をもたらすと考えた。この仮説が，「**図形残効**」（figural after-effects）とよばれる新しい視覚現象の発見の端緒となった（図10-10）。すなわち，1つの図形が視野の一定箇所に続けて提示されて，他の図形にとってかわられると，その後続図形の大きさ，明るさ，奥行きなどが変化して感じられる現象であり，我が国でも大いに研究された。彼の説は，大脳神話と批判される一方，このような新しい発見を導く役割も果たしている。

(a)

(b)

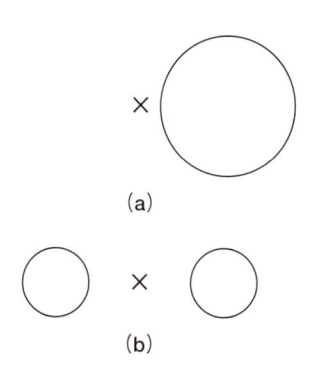

図10-10　図形残効の例
（a）図の×印を20秒ほど凝視した後，（b）の×印に目を移すと右側の円が一瞬小さく見える。

行動主義 11

　行動主義 (behaviorism) とはアメリカのワトソン (John Broadus Watson, 1878-1958) が1913年の論文で主張した立場を指している。彼は心理学の対象を意識ではなく行動とし，内観ではなく他の人々の行動の客観的観察を方法とすべきであると主張した。また心理学は自然科学の一部門で，動物の行動も人間の行動も区別なく取り扱うべきであるとした。これらの主張は，それまでの心理学とは非常に異なるので，当初はなかなか人々に受け入れられなかった。

　本章ではまず，このような主張が生まれてきた背景について述べる。その一つは環境への適応の観点を心理学に導入した機能心理学（第6章参照）である。次に20世紀のはじめにアメリカで起こった動物を用いた心理学的研究があげられる。これは19世紀末におけるイギリスのモーガンらの比較心理学（第7章参照）の影響によって起こったものである。その代表的なものはソーンダイクの問題箱実験である。さらにロシアのパヴロフの条件反射の研究もあげられる。

● ソーンダイクの問題箱実験

ソーンダイク（Edward Lee Thorndike, 1874-1949）は，アメリカのハーヴァード大学でジェームズに学んでからコロンビア大学のキャテル（第6章参照）のもとに移り，ネコを用いた有名な問題箱実験を行った（Topic参照）。彼は15種におよぶ問題箱（problem box）を作製し，この中に空腹なネコを入れ，ネコが問題箱から脱出すると少量の餌を与える訓練を繰り返し，ネコが次第に素速く脱出するようになる試行錯誤学習（trial-and-error learning）の過程を研究した。彼はその成果を1898年に「動物の知能：動物における連合過程の実験的研究」として発表した。

ソーンダイクは，このような学習過程を効果の法則（law of effect）にもとづいて説明している。ある反応をしたのちに，その動物に満足ないし快がもたらされると，その反応はその状況と結合し，その状況が再び起こると，その反応が生じやすくなる。他方，反応の直後に不快がもたらされると，その反応は生じにくくなる，という法則である。ただし，彼はのちに，この法則の後半部分，すなわち不快の効果については疑問をもつようになり，前半の満足と快の効果のみを強調するようになった。これは，のちにハルらの新行動主義者に引き継がれ「強化の原理」となった（第12章参照）。

この他，スモールらのネズミの迷路実験や，ヤーキーズのネズミの弁別箱実験などの動物実験が，アメリカ各地でなされるようになった（第7章参照）。

● パヴロフの研究

ロシアの生理学者パヴロフ（Ivan Petrovich Pavlov, 1849-

Topic 問題箱実験

　しばしば引用されるソーンダイクの問題箱は，その中でもっとも複雑なK型のものである（図11-1）。これは約50×40×30cmの大きさで，前面に扉があり，錘のついた紐で前方に引かれていて，扉の掛け金がはずれれば，自動的に前方に倒れる仕組みになっている。K型の場合は，天井から下がった紐の先の輪を引き，踏み板を踏み，レバーを押すという3つの動作をしないと扉は開かない。しかし，他の問題箱は，だいたい1つの動作で扉が開くようになっている。彼は12匹のネコを用いて実験したが，彼の記述によると，問題箱の中に入れられたネコの典型的行動は，次のようなものであった。

「箱の中に入れられると，明らかな不快の徴候と抑留から脱出しようとする衝動を示す。すき間さえあれば押し通ろうとする。棒や針金をひっかき咬みつく。どのすき間からも肢を突き出し，とどくものは何でもひっかく。ゆるいものやぐらぐらするものに当たれば，ますますひっかき咬みつく。箱の中のものもひっかく。外の餌にはあまり注意を払わず，もっぱら抑留から脱出しようと本能的に努力しているようにみえる。」（Thorndike, 1911, p.35）

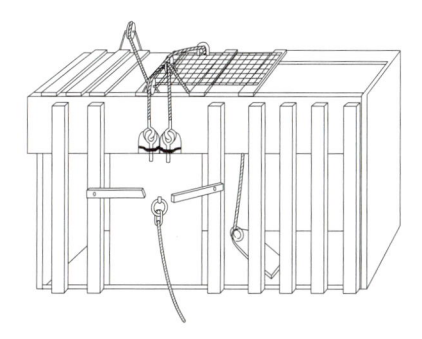

図11-1 ネコの問題箱（K型）（Thorndike, 1911）

（p.205に続く。）

1936) の有名な条件反射の研究は，消化腺に関する研究の副産物として生まれたものである。彼は手術を得意とし，イヌの胃にくびれを作って一部を分離し，そこから分泌する胃液を小穴を通して体外に導く方法や，唾液腺の導管の開口部を遊離させて頬の切開孔を縫いあわせる方法などを用いて消化腺の働きを調べていた。彼はこの研究の途上で弱い酸性溶液をイヌの口に注ぎこむ実験に用いてきた試験管を提示しただけでも，イヌが唾液を分泌するようになる事実や，犬舎に毎日餌をやりにくる飼育員の足音で，唾液が分泌される事実などに気づいていた。

パヴロフもはじめは，この現象を単に「心理的分泌」とよんでいたが，彼はそれで満足しないで，その後この現象を実験的に分析し，やがて**条件反射**（conditioned reflex）と名づけるに至った（p.207 Topic 参照）。

パヴロフのいう条件反射の考えを，反射とよぶにはあまりに複雑な反応にも拡張して適用するために，今日では**条件反応**（conditioned response, CR）とよび，それに対応して，訓練を施さなくても生じる反応を**無条件反応**（unconditioned response, UR）とよぶようになった。また，条件反射の形成過程は**条件づけ**（conditioning）と名づけられたが，パヴロフ型の条件づけはこれを後述のオペラント条件づけ（第12章参照）と区別する意味で今日では，**古典的条件づけ**（classical conditioning）とよばれている。

ワトソンの行動主義宣言

ワトソン（p.209 Topic 参照）は1913年には「行動主義者の見た心理学（*Psychology as the behaviorist views it*）」と題する論文を発表し，彼の行動主義の立場を明らかにした。さらに翌1914年

（p.203より続く。）

　このように，箱中をひっかきまわしている間に，偶然に紐や輪やレバーをひっかくと，扉が自動的に開き，ネコは餌を得ることができる。そこで，ネコは問題箱の中に再び入れられ，また箱中をひっかき咬みつく。このような試行を繰り返すうちに，

「次第に，他の不成功をもたらす衝動は排除され，成功する動作を生じさせる衝動だけが，それによって結果される快によって刻み込まれる。多くの試行の後には，箱に入れられると，ネコはただちに，きまった仕方で，ボタンや輪をひっかくようになる。」（p.36）

　彼は，毎回の試行で，脱出に要した時間を測り，図11-2のように図示している。この図は扉を支えている木片（彼はボタンとよんだ）を横に押すだけで脱出できるC型の問題箱の結果である。不規則に上下しながら，次第に脱出時間が減少していく典型的な学習曲線が描かれている。

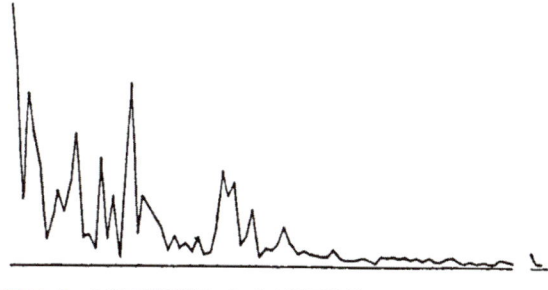

図11-2　C型の問題箱における学習曲線（Thorndike, 1911）

には『行動：比較心理学入門（*Behavior, An Introduction to Comparative Psychology*）』と題する著書を，1915年にはアメリカ心理学会会長として「心理学における条件反射の位置（*The place of the conditioned reflex in psychology*）」（論文としては1916年刊）と題する講演をしている。さらに1919年には著書『行動主義者の立場からの心理学（*Psychology from the Standpoint of a Behaviorist*）』を発表した。

このように彼の研究生活はきわめて順調にいっていたが，1920年に離婚と女子大学院生との恋愛問題で大学を去ることになって，広告会社に移り，実業界に入った。しかし，心理学との関係は続き，講義や講演をしたり，『行動主義（*Behaviorism*）』と題する著書を1924年に著したりしている。

彼の行動主義の立場は，彼が主張し始めた頃にはなかなか人々に受け入れられなかった。しかし年とともに心理学者たちに理解されるようになり，「新行動主義」（第12章参照）に発展して，アメリカだけでなく世界の心理学に強い影響を与えた。

後年1957年にはアメリカ心理学会から次のような感謝の言葉が与えられた。「ワトソン博士の業績は現代心理学の形式と本質を方向づける重要な因子の一つでした。博士は心理学の思想に変革をひきおこし，かつその著作はその後の実りある研究の出発点になりました」。彼の主張がのちの心理学に与えた影響の大きさを示したものである（平野，2005）。

● ワトソンの主張

ワトソンは前述の「行動主義者の見た心理学」の冒頭で，次のように述べている。

Topic 条件反射実験

パヴロフの研究所で行われた代表的実験の手続きは次のようである。まずイヌの唾液腺（耳下腺または顎下腺）の片方を頬の外側または顎の下側に導く手術を施し、手術の跡が治るのを待つ。ついでイヌを防音室中の実験台に固定して餌を与えることを2, 3日繰り返し、実験台にならす。また、唾液の分泌量を計るため図11-3のように唾液腺の開口部にヴァロンチカとよばれる器具をかぶせ、ゴム管を通して計量用のガラス管につないでおく。実験の主な手続きは、メトロノームの音を約30秒鳴らし、その間に少量の餌を与えることで、この手続きを5分ないし10分おきに6～10回繰り返して1日の実験を終わる（大山、1966）。

このような訓練を、毎日（または隔日に）、1回ないし数回施してから、検査実験を行う。その際には、メトロノームだけを鳴らし、餌は提示しない。すると、餌がないにもかかわらず唾液分泌が起こる。この現象が彼のいう「条件反射」である。上記の訓練実験を受けていないイヌでは、メトロノーム音に対して唾液分泌は起こらないから、その意味でこの分泌は条件つきの反射である。これに対して、餌や酸性溶液を口の中に入れれば、特別な訓練を受けなくても唾液分泌が起こるから、これを**無条件反射**（unconditioned reflex）とよんだ。

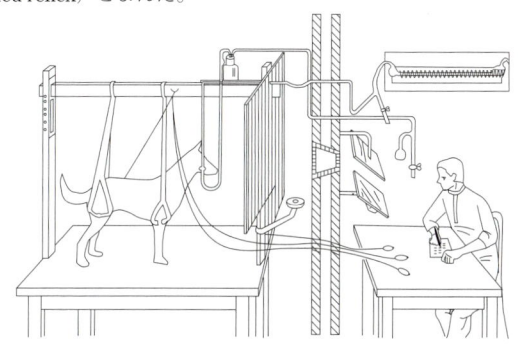

図11-3 条件反射実験（Podkopaew, 1926）

「行動主義者の観点からすれば，心理学は自然科学の純粋に客観的な一実験部門である。その理論的目標は行動の予測と統制にある。内観はその方法の本質的部分を形成せず，またデータの科学的価値は意識の用語によって容易に解釈し得るかどうかに依存しない。行動主義者は，動物反応の統一的図式を得ることに努めており，人間と獣との間に一線を画することを承認しない。人間の行動は，どんなに複雑で洗練されていても，行動主義者の研究図式全体のなかのわずか一部分を形成するにすぎないのである。」（Watson, 1913）

ここに，彼の主張が端的に示されている。①まず心理学を自然科学の一部門と規定している。②心理学の目的を行動の予測と統制にあるとする。③内観と意識を心理学から排除している。④人間と動物を一緒に扱っている。これらの主張は今日の心理学者からも大いに批判される点を含んでいる。当時の内観法を捨てきれなかった意識中心の心理学者から，なかなか受け入れられなかったのは無理もなかったであろう。

ワトソンが，その後の著作で明らかにした彼の立場の特徴は次の諸点にあろう。

1. 心理学の対象を行動とする

ここで「行動」（behavior）とは何かが問題となる。しばしばワトソンは末梢的な細かい行動のみを取り扱っていると批判されているが，彼自身は，「生理学は身体の各部分の機能を問題とするが，心理学では個体全体として朝から夜までに行うことに関心をもつ」（Watson, 1930）と述べ，行動を全体的にとらえることを強調している。

2. 心理学は客観的でなければならない

Topic   J. B. ワトソン

図11-4 ワトソン
(John Broadus Watson, 1878-1958)

　ワトソン（John Broadus Watson，1878-1958：図11-4）は，アメリカのサウス・カロライナ州に生まれ，ファーマン大学を卒業してから，シカゴ大学の大学院に進学した。はじめは哲学に興味をもっていたが，次第に興味が心理学と神経学に向かった。主専攻として機能心理学のエンジェル（第6章参照）の指導のもとに実験心理学を学び，第1副専攻としてデューイ（John Dewey）らから哲学，第2副専攻としてドナルドソン（H. H. Donaldson）に付いて神経学を修めた（Boakes，1984）。

　ドナルドソンの研究室ではシロネズミの飼育の手伝いもして学資を得ていた。これも彼がのちの研究でシロネズミを対象とした端緒であろう。また当時ドイツから移住しシカゴ大学で教えていたロエブ（Jacques Loeb）からも生物学と生理学を学んだ。ロエブは動物の走性（tropism）の研究で知られており，機械論的傾向が強い。ワトソンはドナルドソンとエンジェルの共同指導のもとでシロネズミの成長に伴う中枢神経系における髄鞘形成と行動の複雑化との間の相関関係の研究を行い1903年にPh.D.（博士）の学位を得た。ワトソンはその後，シカゴ大学で助手，講師として実験心理学を担当していたが，1908年にジョーンズ・ホプキンス大学から教授に招聘された。29歳の若さであった。

ワトソンの主張

自然科学と同様に誰でも共通に観察できるものを対象としなければならない。したがって，当人しか経験できない意識は心理学の対象とならない。また当人しか用いられない観察方法である内観法は心理学から排除される。しかし被験者の口頭による報告，すなわち「言語報告」(verbal report) は，その内容の真疑性とは別に，被験者の一種の反応としての意味は認める。

客観性を重んじる点から，前述のように一般に行動を心理学の対象とするため，心理学の各分野の研究対象もそれぞれ変わってくる。たとえば感覚は意識的経験であるから心理学の対象とならず，かわって弁別行動として取り扱われる。また感情は情動反応として，記憶は言語習慣の保持として，思考は「潜在的な言語運動」(implicit speech) として扱われた (Watson, 1920)。

3. 刺激—反応結合を基礎とする

ワトソンは「心理学の研究目標は，刺激が与えられれば，どんな反応が起こるか予測し，他方また反応が与えられれば，そのとき有効な刺激がどんなものであるかを指摘できるような資料と法則を明確にすることである」(Watson, 1919) と述べている。「刺激」(stimulus) と「反応」(response) の結合から，心理学を解明していこうとする立場であり，S-R心理学とのちによばれるようになる。その際，彼は刺激と反応の間を仲介する過程については問題としないで，客観的に観察できる刺激と反応とを直接的に関係づける点が彼の立場の特徴である。

4. 生得的傾向をごく少範囲に限定し，ほとんどの傾向を生後の経験によるとした

彼は当時広く主張されていた「本能」を認めず，その大部分は習得された傾向であると考えた。

Topic アルバータ坊やの実験

ワトソンは，子どもが暗闇を恐れたり，動物を恐れたりする傾向は生まれながらのものでないことを実験的に確かめている。彼はアルバータという，すこぶる健康で，誕生以来の生活がよくわかっている生後11カ月の男の子を被験者に用いて実験を行った。彼はまずアルバータ坊やがどのようなものを恐れるかを調べてみた。すると，大きな音と突然体の支えを取り除くことには恐怖を示したが，シロネズミ，ウサギ，イヌ，人の顔のお面，毛のついたお面，綿毛，燃えている新聞紙には何も恐れを示さなかった。動物たちには触ろうとさえした（Boakes, 1984）。

次にシロネズミを見せて，子どもがネズミに手を触れたときに背後で大きな音を鳴らすことを数回繰り返した。アルバータは音が鳴ると泣き出した。数日後，シロネズミを見せると，音が鳴らないのに，泣き出し逃げようとした。しかし音を鳴らしたときにはその場になかった積み木にはすぐ手を伸ばし，笑いながら遊んだ。一方，シロネズミと似ているウサギやサンタクロースのお面に対しても恐怖を示した。これは恐怖条件づけとその般化（generalization）（類似した刺激に対する条件反応の出現）の最初の実験である。大きな音が無条件刺激，それに対する恐怖反応が無条件反応，シロネズミが条件刺激，それに対する恐怖反応が条件反応に相当する。ウサギやサンタクロースに対する反応が般化である。

ワトソンは，幼児に実験的に恐怖を植えつけたことで，人道上の見地から批判を受けた。しかし，この実験は，今日の行動療法の発展のきっかけを与えたものでもある。

また彼は，このような学習過程の基礎にパヴロフの条件反射を考えている。彼がパヴロフの研究に注目し始めたのは1914年頃だといわれている。

　また，彼は人の傾向や性格は，生後の学習によって形成されると主張した。彼は，その著『行動主義』（1930年）において，「1ダースの健康な赤ん坊と，彼らを育てるために私がとくに指定した環境を私に与えてくれるならば，私はそのうちの任意の1人を選び，その子の才能，嗜好，傾向，適性，祖先の人種がなんであろうとも，私の選ぶどんな種類の専門家にも——医師，法律家，芸術家，大商人，そうだ乞食や泥棒にさえも——してみせよう」と述べている（Watson, 1930, p.104）。

　この彼の言葉に彼の環境主義の立場がよく示されている。彼は，人のパーソナリティは，習慣の体系であり，環境が変われば再学習によって変わるものであると主張した。

●●●● 参考図書

平野俊二（2005）．ワトソン——行動主義の創始者—— 末永俊郎（監修）鹿取廣人・鳥居修晃（編）心理学の群像1　アカデミア出版会　pp.363-381.
　ワトソンの生涯と業績の解説。

ワトソン, J. B. 安田一郎（訳）(1968). 行動主義の心理学　河出書房新社（Watson, J. B. (1930). *Bahaviorism*. Revised Ed. Norton.）
　ワトソンの主著の訳書。

ボークス, R. 宇津木　保・宇津木成介（訳）(1990). 動物心理学史——ダーウィンから行動主義まで——　誠信書房（Boakes, R. (1984). *From Darwin to behaviorism : Psychology and the minds of animals*. Cambridge University Press.）
　行動主義の心理学史上の位置づけを詳述している。

新行動主義 12

　ワトソンの行動主義は,当時の多くの心理学者に注目されたが,なかなか賛同は得られないまま,ワトソンは個人的事情により学界を去った。しかし,その後,彼の主張は次第に理解されるようになり,またワトソンの説では無視されていた刺激と反応を仲介する人や動物の側の要因や,能動的な働きを考慮した行動主義的研究がなされるようになった。これらの人々の立場は「新行動主義」(neo-behaviorism) とよばれる。

　新行動主義の代表的人物がトールマン,ハル,スキナーである。この3人の主張は互いにかなり違っている。しかし,行動を研究の対象とし,生後の学習を重視し,動物と人間の行動を統一的にとらえようとする点で共通している。1940年代後半から1960年代まで,アメリカを中心に,基礎的心理学のもっとも主要な立場であった。その後,次第に認知心理学(第13章参照)にその地位を譲りつつあるが,現在でも新行動主義とくにスキナーの立場で研究している心理学者も少なくない。

🔵 トールマンの立場

トールマン（Topic参照）は，ハーヴァード大学で1915年にPh.D.の学位を得たのち，ノースウェスタン大学で3年間専任講師を務めたが，1918年からはカリフォルニア大学バークリー校に職を得，1954年に同名誉教授となるまで，36年間にわたり，同校で研究と教育に専念した（Hilgard, 1956, 1987）。

トールマンの主著は『動物と人間における目的的行動（*Purposive Behavior in Animals and Men*)』（1932年）であり，新行動主義の立場による体系的著作としてはもっとも早い。ワトソンの『行動主義』発刊より8年後である。その後，第2次世界大戦中の1942年には『戦争への動因（*Drives toward War*)』を著し，1951年には専門雑誌などに掲載した論文をまとめた『心理学論文集（*Collected Papers in Psychology*)』を公にしている。

トールマンの心理学の立場の特徴は次の諸点にある。

1. トールマンによるとワトソンが対象とした行動は，筋肉や腺の末梢的な行動であるが，トールマンが研究の対象とするのはまとまった目的をもった全体的行動であると主張する。迷路中のネズミの行動であっても単に右に曲がるとか左に曲がるとかいう細かい単位の反応ではなく，通路は違ってもある目的地に向かうという大きな単位の行動であるとされた。化学の言葉を借りて，前者は「分子的行動」(molecular behavior) とよばれ，後者は「全体的行動」(molar behavior) と名づけられた。

2. 学習は，ワトソンのいうように刺激―反応の結合ではなく手段と目標の関係の認知であるという。迷路中のネズミの例でいえば，ある通路を行けばある場所に行けるという「期待」(expectation) の成立が学習であるとされた。こういう手段―目標関係を

Topic E. C. トールマン

図12-1　トールマン (Edward Chase Tolman, 1886-1959)

　トールマン（Edward Chase Tolman, 1886-1959：図12-1）は，比較的恵まれた家庭に生まれ，1911年にマサチューセッツ工科大学を卒業したが，在学中に哲学と心理学に興味をおぼえ，ハーヴァード大学大学院で哲学と心理学を専攻した。そこでヤーキーズ（第7章参照）から比較心理学を学んだ。ヤーキーズはテキストとして出版されたばかりのワトソンの『行動―比較心理学入門』（1914年）を用いた。ここでトールマンはワトソンの行動主義に接することとなる。また大学院在学中にドイツのギーセンのコフカ（第10章参照）のもとで1カ月を過ごし，発足間もないゲシュタルト心理学に接した。トールマンはゲシュタルト心理学にも興味をおぼえ，第1次世界大戦後の1923年に再びギーセンを訪れた（Hilgard, 1987）。

全体的に認知することによって認知地図（cognitive map）が成立するという。

3. しかし学習されているものが必ずしもただちに発現されるとは限らない。ある通路を行けば餌に到達するという期待が成立していても、餌を求める要求がなければ、ネズミはその通路を行くとは限らない。のどが渇いていれば、むしろ水に向かう通路のほうを行くであろう。このように「学習」（learning）とその学習の発現である「実行行動」（performance）は明確に区別される。

4. 学習と実行行動の区別においても明らかなように、単に刺激—反応の結合でなく、その有機体（人や動物）がどのような「要求」をもっているかが行動の決定に重要である。そこでワトソンと違って、人や動物のもっている「動機づけ」が重視される。

5. このように刺激と反応の直接的結合でなく、その間に介在する有機体内の要因が重視される。しかし、主観的な内観法によってそれを調べるのでなく、あくまで客観的観察にもとづく刺激などの「独立変数」と「従属変数」である行動との関係から、その間に介在する要因を「仲介（媒介）変数」（intervening variable）として推定する。トールマンの場合、刺激、遺伝要因、訓練、給餌、年齢を独立変数とし、全体的行動を従属変数とし、「手段—目標期待」や要求を仲介変数と考えた。独立変数—仲介変数—従属変数間の関係は数学的関数関係として想定されたが、実際にはそれらの関数型を数学的に明らかにするには至らなかった。

この潜在学習の実験（Topic 参照）は学習と実行行動の区別の必要性を示すだけでなく、無報酬でも学習は成立することが示された点から前章で述べたソーンダイクの効果の法則の反証ともされた。この実験結果はトールマンの立場を支えるものとして重視

Topic 潜在学習実験

トールマンの立場をよく示す実験例として潜在学習（latent learning）がある。トールマンとホンジック（C. H. Honzik）が1930年に発表した研究では，ネズミは3群に分けられ，14の選択点のある複雑な迷路に1日1回ずつ入れられる。報酬群では，目標箱（餌箱）に到達すると餌が与えられる。無報酬群は目標箱に到達しても餌はまったく与えられない。第3の無報酬→報酬群では，最初の10日間は餌は与えられないが，第11日目からは餌が与えられるようになる（Tolman & Honzik, 1930）。

その結果，図12-2のように，第3群は第11日から急速に誤反応を減らし，第1群の報酬群を追い越す結果を示した。これは，第3群においても無報酬期に学習されていて，すなわち手段―目標期待が成立していたが，餌箱に餌がなかったので実行行動には現れなかったと考えられる。しかし，いったん餌箱に餌が与えられると，無報酬期に成立していた学習が実行行動に現れると説明された。彼は，この無報酬期に成立したが実行行動にはただちに反映しなかった学習を潜在学習とよんだのである。

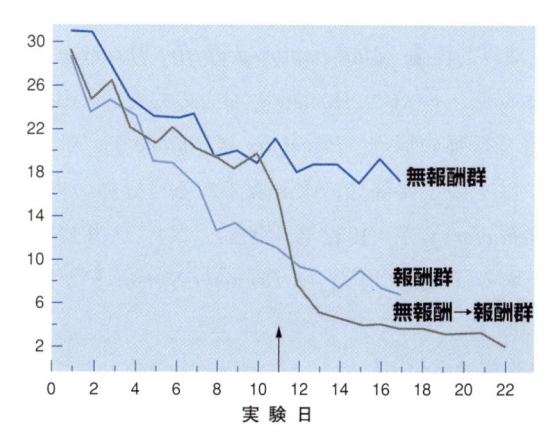

図12-2 潜在学習の実験結果（Tolman & Honzik, 1930）

されたが，実験結果では，無報酬期にも実行行動のある程度の改善が認められるなどの問題が残された。

トールマンの立場は，新行動主義といってもワトソンの行動主義とはかなり異なっている。全体性を尊重する点でゲシュタルト心理学の影響も大きく認められる。また早くから，行動の規定因として「認知」を論じた点で次章で述べる認知心理学の成立に大きな影響を与えている。トールマンは主としてネズミ（ラット）を用いて実験を行っているが，関心は人間行動にも拡がり，人間行動についても論じている。彼の影響は人の心理学にも及んだ。

ハルの立場

ハル（Topic参照）はウィスコンシン大学時代は喫煙の心理的効果の研究や適性検査の研究，催眠の研究など多彩な研究をし，それらの成果を著書や論文として発表した。エール大学に移ってからは行動理論の研究に専念し，1940年に『機械的暗記学習の数学的・演繹的理論（*Mathematico-deductive Theory of Rote Learning*）』（ホヴランド（C. I. Hovland）らとの共著）を出版し，1943年に主著『行動の原理（*Principles of Behavior*）』を公刊した。1951年にはその主要部分の改訂版である『行動の本質（*Essentials of Behavior*）』が，1952年（没後）には，より複雑な行動への適用である『行動の体系（*A Behavior System*）』が出版された（篠原，2005）。

ハルは学部学生の頃にワトソンの行動主義の主張に接した。つづいてゲシュタルト心理学にも興味を感じ，コフカ（第10章参照）のウィスコンシン大学への招聘に努力し，それに成功した。そしてコフカから直接ゲシュタルト心理学を学ぶ機会を得た。ま

Topic C. L. ハル

図 12-3 ハル (Clark Leonard Hull, 1884-1952)

ハル (Clark Leonard Hull, 1884-1952；図 12-3) は，トールマンより2歳年長であるが，経済的に恵まれず，健康上の理由もあり，大学教育を受けるのは遅れた。1918年に概念形成の研究によってウィスコンシン大学でPh.D.の学位を受けた。その後ウィスコンシン大学で助教授，教授として教えていたが，1929年にエール大学人間関係研究所の研究教授として招聘され，逝去するまで在職した（篠原，2005）。

たパヴロフの『条件反射学』には，1927〜28年にアンレップ（G.V. Anrep）による英訳を通して接した。

これらの背景のもとに彼が到達したのが，行動の量的法則にもとづく演繹的行動理論の体系の構築であった。ハルの立場の特徴は次のようなものであった。

1. ワトソンの伝統に比較的忠実であり，刺激—反応結合を基礎としている。

2. 刺激と反応の結合の原理を，ソーンダイクの効果の法則（第11章参照）の流れに従って，反応後の動因低減にもとづく「強化の原理」に求めた。

3. 量的データに適合する数学的理論体系の構築を目指した。

4. 行動は習慣と要求の両方に依存する。すなわち習慣×動因（要求）の乗積の値が行動を規定すると仮定した。

5. トールマンの提案した仲介変数を，刺激と反応の間に多段階に介在させて数学的関数で結合しようとした。

ハルの理論体系

ハルの行動理論の中心概念は，習慣強度 $_sH_R$ と動因 D の2つの仲介変数と，それらの乗積に相当する反応ポテンシャル $_sE_R$ という仲介変数である。習慣強度は独立変数である強化回数 N の指数関数として増大する（図12-4）(Hull, 1943；Hilgard, 1956)。

$$_sH_R = M - Me^{-iN}$$

ここで M は習慣強度の最大値，e，i は定数である。

一方，動因 D は独立変数である給餌条件により別の関数式で規定されている。それら2つの仲介変数の乗積として「反応ポテンシャル」$_sE_R$ が規定される。

$$_sE_R = {_sH_R} \times D$$

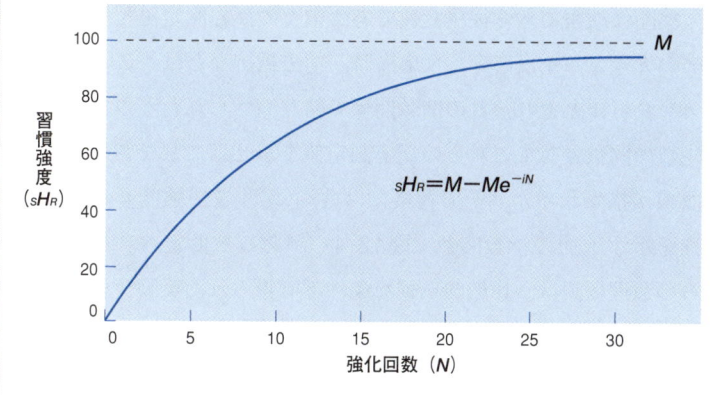

図12-4 理論学習曲線 (Hull, 1943)

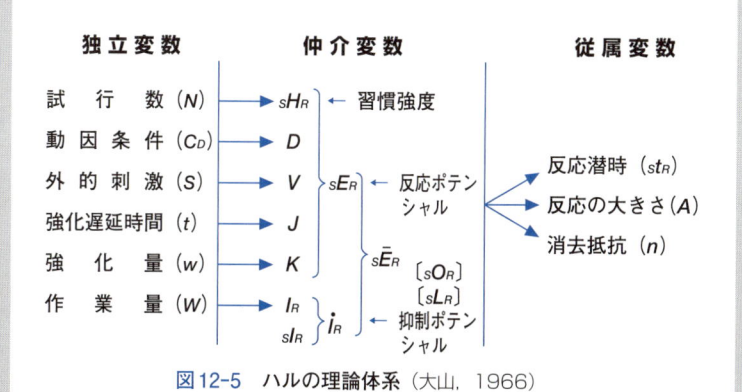

$$_sH_R = M - Me^{-iN}$$

独立変数	仲介変数	従属変数
試　行　数 (N)	$_sH_R$ ← 習慣強度	
動 因 条 件 (C_D)	D	
外 的 刺 激 (S)	V ｝$_sE_R$ ← 反応ポテンシャル	反応潜時 (st_R)
強化遅延時間 (t)	J	反応の大きさ (A)
強 化 量 (w)	K ｝$_s\bar{E}_R$ [$_sO_R$] [$_sL_R$]	消去抵抗 (n)
作 業 量 (W)	I_R ｝$\dot{i}_R$ ← 抑制ポテンシャル	
	$_sI_R$	

図12-5 ハルの理論体系 (大山, 1966)

ハルの立場

ただし、ここには抑制ポテンシャルという負の要因なども作用するが、詳細は略す（図12-5）（大山，1966）。

実際に観察できる従属変数である種々の反応測定値としての反応の大きさ、正反応率、反応潜時、消去抵抗などは、この反応ポテンシャルとそれぞれの関数関係で結びつけられた。つまり、強化数の関数としてこれらの反応測定値を示せば、さまざまの学習曲線が描かれるが、その背後には共通に、「習慣強度」の増加過程を示す上記の指数関数（図12-4）があると仮定された。これらの数理仮説は、比較的単純な条件下で得られた実験データとよく一致した。

このハルの行動理論は、限られた単純な条件下ではあったが、心理学に数学的理論が適用可能であることを実証した。これは当時の心理学界で大きな注目を浴びた。適用された実験データは主に動物実験により得られたものであったが、ハルは最後の著では人間のより複雑な行動にも適用を試みている。ハルの理論そのものは彼の死後、スペンス（Kenneth W. Spence）らにより引き継がれたが、その後の発展は少なかった。しかし、心理学の各領域における数理モデルの発展を大いに刺激した。

スキナーの立場

スキナー（Topic参照）は著書も多く、早くも1938年に『有機体の行動（*The Behavior of Organisms*）』を著し彼の独自の立場を明らかにした。その後、『科学と人間行動（*Science and Human Behavior*）』（1953年），『言語行動（*Verbal Behavior*）』（1957年），『強化スケジュール（*Schedules of Reinforcement*）』（1957年）（フェルスター（C. B. Ferster）との共著），『行動の分析（*The Analysis of*

Topic B. F. スキナー

図12-6　スキナー（Burrhus Frederic Skinner, 1904-90)

　スキナー（Burrhus Frederic Skinner, 1904-90；図12-6）は，1904年に弁護士の長男として生まれ，ハミルトン大学で文学を学び，一時は作家を目指していた。しかし，ワトソンの行動主義を知り，ハーヴァード大学大学院に入学して心理学を専攻し，1931年にPh.D.の学位を受けた。この学位論文の時代から，彼は一貫して動物の行動の研究を続けた。ミネソタ大学，インディアナ大学勤務ののち，1947年より母校のハーヴァード大学教授となり，1974年に同名誉教授となるまで，彼の独自の立場からの行動研究に専念した。ハルよりも20歳若く，もっとも最近まで活動を続けた新行動主義者である（Evans, 1968）。

Behavior)』（ホランド (J. G. Holland) との共著）(1961年),『教育の技術 (*The Technology of Teaching*)』(1968年),『強化随伴性 (*Contingencies of Reinforcement*)』(1969年),『自由と尊厳の彼岸 (*Beyond Freedom and Dignity*)』(1971年),『行動主義について (*About Behaviorism*)』(1974年) などを次々に出版し, 86歳で死去する直前まで著作を続けた (Hilgard, 1956, 1987)。また, 彼自身の行動理論にもとづく実験的ユートピアを描いた小説『ウォールデン・トゥー (*Walden Two*)』(1948年) もある。

スキナーの立場は「行動分析」(behavior analysis) ともよばれるが, その特徴は次のようなものである。

1. 彼は他の新行動主義者の立場を「方法論的行動主義」とよび, 自分の立場を「徹底的行動主義」(radical behaviorism) と称し区別した。その相違は, 方法論的行動主義では排除された私的出来事（意識）を徹底的行動主義では排除しないこと。前者では広く用いられる仲介変数を含めた内的原因を, 後者では一切認めないこと。前者では生（なま）の経験と考えて研究対象から排除した直接経験を言語によって構成された一種の行動として研究対象に含ませること。真理の基準を公共的一致（複数の人によって確認できること）に求めず予測・制御可能性に求めること, などである。

2. スキナーは, 多くの心理学者のように, 多数の被験者（体）の平均にデータを求めず, 単一の個体のデータに求める。

3. 彼は, 行動を「レスポンデント行動」と「オペラント行動」に大別する。前者は刺激によって誘発されるものであり, パヴロフの研究した条件反射によって代表される行動である。後者は個体が自発するものであり, それを引き出す明確な刺激は存在しな

Topic オペラント条件づけ実験

スキナーはオペラント行動を重視して，オペラント行動の形成・変容を**オペラント条件づけ**（operant conditioning）とよび，その研究のためにいわゆる**スキナー箱**を考案した。スキナー箱（Skinner box）とはネズミ（ラット）やハト用の実験箱であり，その箱の中に入れられたネズミがレバーを押したり，ハトが円型の小窓のキイをつつくと少量の餌が与えられる実験装置である（図12-7）。

(a) ネズミ用

(b) ハト用

図12-7 スキナー箱

い。むしろそのような行動が生起したのちに生じる結果によって規定される。そのような結果（強化）によって，反応の型が変容したり，自発頻度が増減したり，またその反応を生じやすくする刺激（弁別刺激とよばれる）が形成されたり，変容したりする。

4. オペラント条件づけを強化随伴性の枠組みで考える。「強化随伴性」とは，行動が生じる際の状況，行動，行動の結果との三者の関係を指している。行動の結果として餌が与えられたりする場合は，その行動が生じる頻度が増加する。そのような結果を「強化」という。また結果として電気ショックなどがもたらされると行動の生じる頻度が減少する。これを「罰」という。さらに結果として何も生じないと行動の頻度は元に戻る。これを「消去」という。この強化随伴性において，行動の生起と結果の生起の関係を「強化のスケジュール」という。たとえば，行動が生起するごとに強化が与えられなくても，時々強化が与えられるだけでも行動頻度は上昇する。これを「部分強化」という。行動が生じた回数に応じてある比率で強化が与えられる定率強化や，ある時間間隔で強化が与えられる定間隔強化などがある。日常生活において生じる強化はこのような部分強化が多い。たとえば，ある一定の行為の結果として成功がもたらされることが，毎回でなくても時々あれば，その行為は繰り返されるようになる。他方，状況と行動との関係を「刺激制御性」とよぶ。状況中の刺激により行動がどれだけコントロールされるかを示す。

5. 応用を重視することもスキナーの特徴である。薬物の行動に及ぼす効果を調べる行動薬理学や，動物や乳幼児の感覚・知覚に利用される動物や乳幼児の精神物理学（第4章参照）などの学問的応用の他，教育に対するオペラント条件づけの原理の応用であ

るティーチング・マシンの開発やプログラム学習，心理障害の治療にオペラント条件づけを用いる行動療法などがある。

●●●● 参考図書

バウアー，G. H.・ヒルガード，E. R. 梅本堯夫（監訳）(1988)．学習の理論（上・下）　培風館
　(Bower, G. H., & Hilgard, E. R. (1956). *Theories of learning*. 5th Ed. Prentice Hall.)

「学習の理論」という題であるが，トールマン，ハル，スキナーの行動理論について各1章を割り当て，的確に解説している。

篠原彰一 (2005)．ハル，スペンス——厳密科学としての行動理論確立の試み——　末永俊郎（監修）鹿取廣人・鳥居修晃（編）　心理学の群像1　アカデミア出版会　pp.405-424.

エバンス，R. L. 宇津木　保（訳）(1973)．スキナー　誠信書房

これら2編からハルとスキナーの生涯と学説を知ることができる。

トールマン，E. C. 富田達彦（訳）(1977)．新行動主義の心理学　清水弘文堂
　(Tolman, E. C. (1932). *Purposive behavior in animals and men*. Appleton-Century-Crofts.)

ハル，C. L. 能見義博・岡本栄一（訳）(1966)．行動の原理　誠信書房
　(Hull, C. L. (1943). *Principles of behavior*. Appleton-Century-Crofts.)

スキナー，B. F. 河合伊六他（訳）(2003)．科学と人間行動　二瓶社
　(Skinner, B. F. (1953). *Science and human behavior*. Macmillan.)

これら3編はトールマン，ハル，スキナーの原著の翻訳である。

認知心理学 13

　行動主義・新行動主義では，基本的に刺激と反応の関係が問題とされた。刺激と反応の間の過程は，新行動主義においては，仲介変数として取り扱われることがあるだけであった。これに満足しない心理学者は，その間の過程を積極的に研究しようとした。これが「認知心理学」(cognitive psychology) である。しかし，これは単に行動主義以前の意識心理学に戻ったわけではない。心理学の研究法はその間に進歩し，客観性を保ちながら，内部的心理過程に迫ることができるようになった。このためには，心理学で発達した方法だけでなく，通信工学や計算機科学などの方法も援用される。

🔵 認知心理学とは

　同じ客観的状況におかれても，人によってそれをどのようにとらえるかが異なる。すなわち同じ刺激が与えられてもそれをどう受けとるかは，受けとる人の過去経験や知識や欲求によって異なっている。この過程が認知の過程である。認知（cognition）とは聞きなれない言葉であるが，「知ること」を意味する。認識と同義であるが，認識というと哲学的色彩が強いので「認知」という。

　認知という言葉は，知覚，記憶，思考，言語などの心理過程を総合して取り扱う際にも用いられる。認知心理学という言葉は，この「認知に関する心理学」という意味にも用いられるが，他方，「認知の観点から心理学全般を考える立場」を指すことも多い。本章では後者の意味で用いる。もちろん，その場合も認知過程が重視されるから，前者の意味での認知心理学がその主要部分となる。

　『認知心理学（*Cognitive Psychology*）』という一冊にまとまった本がはじめて出版されたのは1967年であり，ナイサー（Ulric Neisser, 1928-2012）がその著者である。この頃から認知心理学という立場が成立し，次第に確立し拡がってきた。以下では，まずその歴史的背景を顧み，次にその現状を展望する。

🔵 認知心理学の背景

　認知心理学自体は最近の心理学の傾向であるが，そのような考え方には長い歴史的背景がある。

　たとえば，第3章で述べたヘルムホルツの知覚の「無意識的推論」の説は，知覚の過程においても，思考における推理と同じよ

Topic レヴィンの生活空間

ゲシュタルト心理学のレヴィン（第10章参照）は，広範な情意行動を<u>生活空間</u>の認知構造から説明している。図13-1は医師を希望している少年の生活空間を示している。医師という目標に達成するまでに，大学入試，大学（アメリカでは大学4年を終えてから医学部に入る），医学部，研修医，医局員などの段階を経ねばならない。それぞれの段階はそれぞれ生活空間内の領域として表現され，各領域内は比較的一様であるが，領域間は異質である。少年（人）はそれらの異質な領域を通過して目標を達成しなければならない。領域の境界を通過するには困難が伴うことも少なくない。これはあくまで，少年がもっている「認知構造」であり，忠実に客観的状況を表したものではない。しかし，この少年はこの認知構造にもとづいて行動していると説明された（Lewin, 1936）。

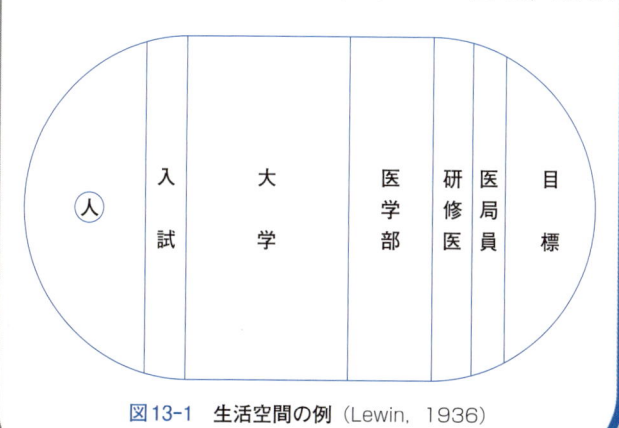

図13-1　生活空間の例（Lewin, 1936）

うな高次の心理過程がはたらいていると論じている。ただ，推理と違い，無意識的過程であるとされた。このヘルムホルツの説の重要性は，現代の知覚の専門家，たとえばイギリスのグレゴリー（Richard L. Gregory）によっても支持されている。

また，第6章で述べたアメリカ心理学の創始者ジェームズは認知の重要性を強調している。彼は今日の認知心理学でも重視されている「注意」の過程を早くから取りあげるとともに，現代の短期記憶・長期記憶の区別に相当する1次記憶・2次記憶の区別をすでに行っていた（James, 1890）。

さらに第10章で述べたゲシュタルト心理学者たちは，問題解決における状況把握の重要性を明確に指摘していた。ケーラーは，チンパンジーにおける道具を用いた問題解決を扱った初期の研究において，チンパンジーが箱を踏み台とし，棒を用いて天井から吊り下げられたバナナを取るという行動を観察している（第7章参照）。その際，箱や棒を道具として利用するという問題解決は試行錯誤の結果として生じるのでなく，突然に起こるもので，人間の思考過程における心のひらめきに比すことができるものであるとして，「洞察」または「見通し」とよんだ（第10章参照）。ケーラーは，これはチンパンジーによる場面構造の「再体制化」によるという認知的解説を試みている。

また，ゲシュタルト心理学の創始者であり，仮現運動の研究で有名なウェルトハイマー（第10章参照）は，創造的思考過程についても広範な研究を行って，『生産的思考（*Productive Thinking*』（1945年）を著した。彼はその中で，5歳半の女の子が図13-3のような平行四辺形の面積を求める問題を解決する過程を取りあげている。その子はすでに長方形の面積は「底辺×高さ」

Topic 知覚におけるスキーマの効果

　アメリカのブルーナー（Jerome Seymour Bruner, 1915-2016）は，知覚から思考，発達まで幅広い領域を認知の立場から研究している。彼が1950年前後に行った知覚研究では，従来，幾何学的図形を用いていた視知覚実験を，有意味な単語や価値のある貨幣などで行った。その結果，有意味な単語では，見る人の関心のある単語のほうが短時間の提示によって読むことができるし，貨幣の大きさは一般に過大視され，価値の高い貨幣のほうがその傾向が大であることがわかり，多くの人々の注目を引いた。また図13-2のようにまったく同じ文字がAとCの間にはさまれるとBに，12と14の間にはさまれると13に読めるという文脈効果も見出した。

　ブルーナーはこれらの実験結果にもとづいて，知覚の過程に関して次のような説を提出している。①まず，知覚者は「期待」ないし「仮説」をもっている。すなわち何かを見たり聞いたりすることを予測し，準備している。②次に環境から情報が入力される。③環境からの入力情報によって知覚者があらかじめもっている「仮説」が確認されるか，修正される。以上の①〜③のような知覚過程が循環される。そして知覚者のもつ「仮説」は個人の過去経験，欲求，社会的要因などによって規定されるという（Bruner, 1951）。

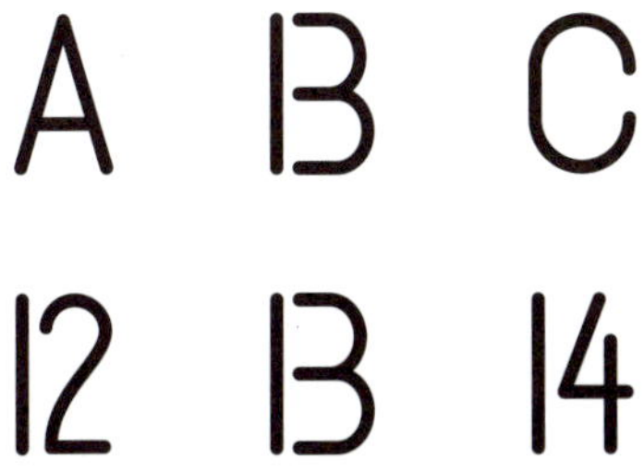

図13-2　文脈効果（Bruner & Minturn, 1955）

であることは知っている。はじめ，平行四辺形の左右の斜めになった部分を指し，「ここがうまくいかない」と言ったのち，突然「ハサミをつかってよいかしら」と言って，左端を垂直に切って，右端に持っていって，長方形を作ったという。ウェルトハイマーは，課題場面の再構造化が少女を解決に導いたとしている。

またゲシュタルト心理学のレヴィン（第10章参照）は客観的な物理的・社会的環境でなく，人のもつ認知構造がその人の行動を規定するとして，生活空間（life space）の説を唱えたが，同様な認知構造は，Topic（p.231）に示すような社会的行動の場合だけでなく，ある目標まで乗物を乗り継いで移動する空間的行動の場合にも，またある数学的問題を解くために，種々のステップを踏んで解いていく概念的過程にも，認められることを指摘した（Lewin, 1936）。レヴィンの理論は明確に認知的理論であり，その後のフェスティンガー（Leon Festinger, 1915–89）らの社会心理学的認知理論の発展に大きな影響を与えている（p.248のTopic参照）。

また第12章で述べた新行動主義の中でトールマンは明らかに認知的立場に立っている。彼は，ネズミが迷路を学習するのは，どの通路がどこへ達するかの「手段—目標期待」が形成され，「認知地図」（cognitive map）が成立することであるとの説を提出した。この認知地図の概念は，現在の環境心理学に引き継がれている。

● 認知心理学への道

これまでの章では取り扱わなかった認知心理学の先駆者として，まずイギリスのバートレット（Frederic Charles Bartlett, 1886–

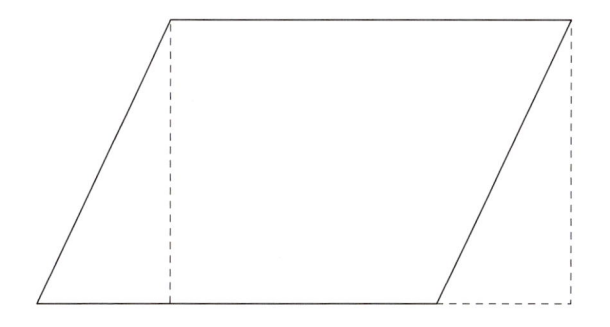

図13-3 平行四辺形の課題 (Wertheimer, 1945)

1969)があげられる。彼は独自の立場から記憶の実験的研究を行い『想起：実験心理学的社会心理学的研究（*Remembering : A Study in Experimental and Social Psychology*)』（1932年）を著した。この本の表題が示すように、彼の研究は実験心理学的であるとともに社会心理学的である。彼の研究は、第6章で述べた無意味音節を用いたエビングハウスの記憶研究とは対照的に、有意味材料を積極的に用いている。

たとえば、エジプトの絵文字を一人のイギリス人の被験者に見せて15〜30分後にそれを再生させ、その再生図を次の被験者に見せて、また15〜30分後に再生させ、その再生図を第3の被験者に見せて再生させるというふうに、リレー式の記憶実験（系列再生法）を十数人に対して行うと、図13-4のように、フクロウの形をしていた原図がネコに変化した。また、彼はアメリカ先住民の民話をイギリス人に聞かせて再生させると、イギリス人の文化になじむように話が改変されてしまうことを明らかにした。

バートレットは、これを各被験者のもっている**スキーマ**（**図式**）（schema）にもとづいて記憶し、変容されるとした。スキーマとは認知の枠組みであり、各人の過去経験や文化によって規定されている。このスキーマの概念は、現在の認知心理学に広く用いられている。

またブルーナーの知覚過程の説は、現代の認知心理学者ナイサーが提案している「予期的スキーマ→探索→対象からの情報の抽出→スキーマの修正→探索」という「知覚サイクル」の説の基礎となったものであろう（Neisser, 1978）。

イギリスのブロードベント（Donald Eric Broadbent, 1926-1993）は『知覚とコミュニケーション（*Perception and Communi-*

図13-4　記憶の変容（Bartlett, 1932）

cation)』(1958年)を著している。彼はこの中で、聴覚を中心として注意の問題と知覚と記憶の関係について論じている。それ以前から問題とされてきた「カクテルパーティ効果」、すなわち、カクテルパーティのような場面でさまざまな人々が同時に話している中で、自分が話している相手の言葉だけが聞き取れる現象を取りあげている。これは、選択的注意(selective attention)の問題である。チェリー(E. C. Cherry)がすでに行っているように、両耳から別々のメッセージを同時に与えたときに、一方だけに注意して聞く過程の実験的研究を行った(Topic参照)。ブロードベントはこのような選択的注意の過程に対して「フィルター・モデル」という説を提出している。またかれは、「短期記憶」と「長期記憶」の区別についても論じている。

またアメリカのミラー(George Armitage Miller, 1920-2012)は、「マジカル・ナンバー7±2(*The magical number seven, plus or minus two*)」(1956年)と題する論文を発表し、カテゴリー判断における有効カテゴリー数、直接記憶の範囲、注意の範囲など、一度に見たり、覚えたりすることのできる対象数、絶対判断により分類する際のカテゴリー数などがみな7個を中心に5〜9個が限界となることから、人間の情報処理の限界について論じた。これは人間の知覚、記憶、判断などの過程を共通の情報処理過程として見るアプローチの有効性を明らかにし、その傾向を助長させた。

以上、心理学内部の認知心理学的傾向の台頭をみてきた。この他、心理学の内部としては、発達心理学におけるピアジェ(Jean Piaget、第6章参照)の認知発達理論、心理学の外としてチョムスキー(Noam Chomsky)の言語学(生成文法)、通信工学(情

Topic 選択的注意の実験

　チェリーは，左右の耳に付けられたレシーバーから別々のメッセージを同時に同じ大きさで与え，聴取者にその一方にだけ注意させるため，その一方のメッセージをその通りに追唱させた（図13-5）。聴取者は**両耳分離聴**とよばれるこの課題を比較的容易にできた。そして，その場合に，追唱しなかった側のメッセージはほとんど覚えていなかった。しかしその声が男の声か，女の声か，英語であったか否かなどは答えられた。ブロードベントはフィルター・モデルを提起し，注意を向けていない側の情報に対しては，その物理的特徴などの低次の情報処理がなされるが，意味的処理などの高次な処理はなされないと説明した。しかし，注意していない側のメッセージに聴取者の名前などがあると，それに気づいた。したがってまったく言語情報処理がされていないわけではない。トレースマン（Treisman, 1964）は注意が向けられていない側の情報もまったく排除されているわけではなく，単に弱められているだけであると主張し，減衰モデルを提唱した（森他，1995；御領他，1993）。

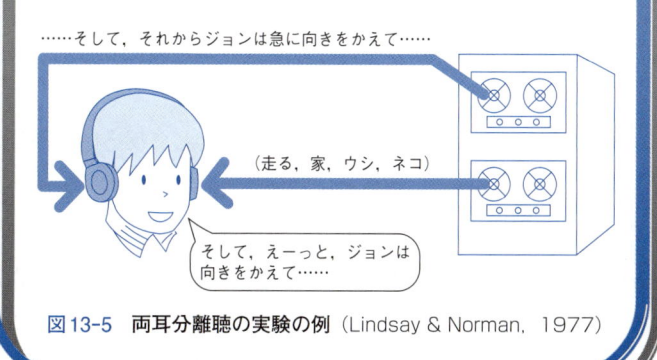

……そして，それからジョンは急に向きをかえて……

（走る，家，ウシ，ネコ）

そして，えーっと，ジョンは向きをかえて……

図 13-5　両耳分離聴の実験の例（Lindsay & Norman, 1977）

報理論），計算機科学などの影響も非常に大きい。人間の心理過程を情報処理過程としてみることも認知心理学の特徴であるが，通信工学，計算機科学の発展の影響が大である。

● 認知心理学の展開

認知心理学の一つの特徴は，心的イメージや注意（attention）や思考過程などの，行動主義や新行動主義が盛んな時代では，主観的な問題として研究されなかった問題を積極的に取りあげていることである。しかも，それは意識心理学の時代のような主観的方法ではなく，新行動主義から受け継いだ客観的方法で実験的に研究したのである。

その代表例として心的イメージの心的回転（mental rotation）の実験がある。シェパードとメッツラー（R. N. Shepard & J. Metzler）が1971年に発表した研究では図13-6のような左右一組になった積み木の図を被験者に提示して，左右が同じものを別の方向に回転したものか，あるいは違ったもの（鏡映像）かをできるだけ早く判断して答えさせた。これらの図は同じものを画面の平面上で回転させるか，奥行き方向に回転させたものか，あるいはそれらの鏡映像である。

その実験結果では，その際の回転角度に応じて反応時間が規則的に増加した。これは，被験者は自分の頭の中で左右いずれかの図のイメージを一定速度で回転させていると仮定すると理解しやすい結果であった。このようにして，イメージが人の心理過程において重要な役割を果たしていることが実験的に示された。この研究は，イメージのような主観的過程が客観的方法で研究できることを示した点できわめて重要である。

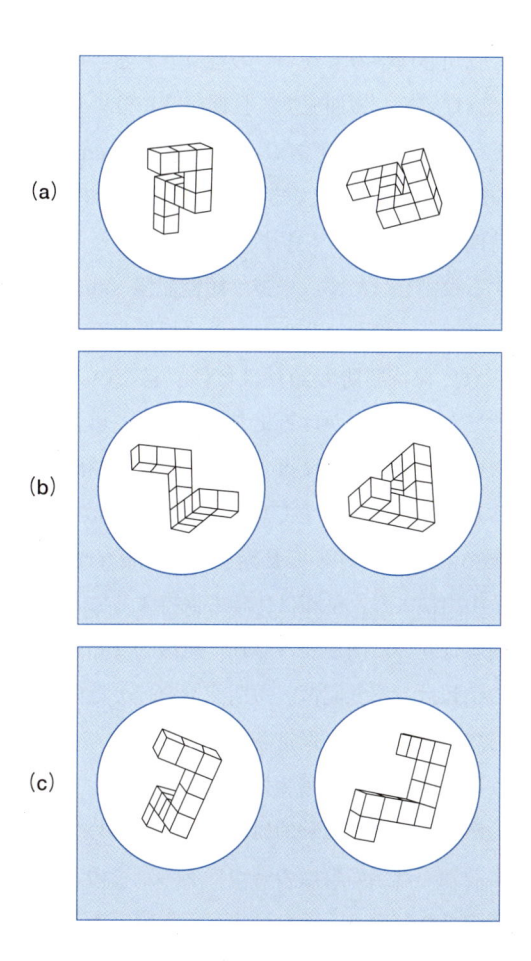

図 13-6　心的回転の刺激図形 (Shepard & Metzler, 1971)

またアトキンソンとシフリン（R. C. Atkinson & R. M. Shiffrin）によって1968年に提唱されて以来の記憶に対する新しいアプローチも認知心理学のもう一つの特徴である。彼らの説によれば、記憶は感覚記憶、短期記憶、長期記憶に分けられる。これには、それぞれ実験的根拠がある。感覚記憶（sensory memory；p.246 Topic参照）は、記憶できる情報量はきわめて大きいが、その記憶時間は1秒以下にすぎず、感覚で受けとった情報をそのまま保存する役割をはたす。一方、短期記憶（short-term memory）は、従来直接記憶といわれたものに相当し、その記憶容量は非常に限られ、保持期間も20秒ほどにすぎない。電話番号を電話帳で調べてから電話をかけるまで覚えておく場合がその一例である。心の中で記憶内容を反復することで保持期間を長くすることができるが、用がすめばすぐ忘れてしまう。数字7桁ほどがその限界である。これに対して長期記憶（long-term memory）は、いったんその中に入った情報は何年も保持することができる。長期記憶の内容は互いに関連づけられ、組織的な知識となっている。外部からの情報は、感覚記憶、短期記憶を経てその一部のみが長期記憶として蓄えられると仮定された。

　このように人間を一種の情報処理系と考えて、その理論モデルを仮定し、その有効性を実験的研究により確かめていく方法を用いることも認知心理学の特徴の一つである。このような理論モデルは種々提唱されている。それはすべて仮説であって、それをテストする実験の結果によってより適切なものに修正されていく。図13-7はその一例である。図中の感覚記憶（レジスタ）、短期記憶（貯蔵）、長期記憶（貯蔵）については上述の通りである。次に思考が短期記憶と長期記憶に支えられ、注意が種々の段階で情

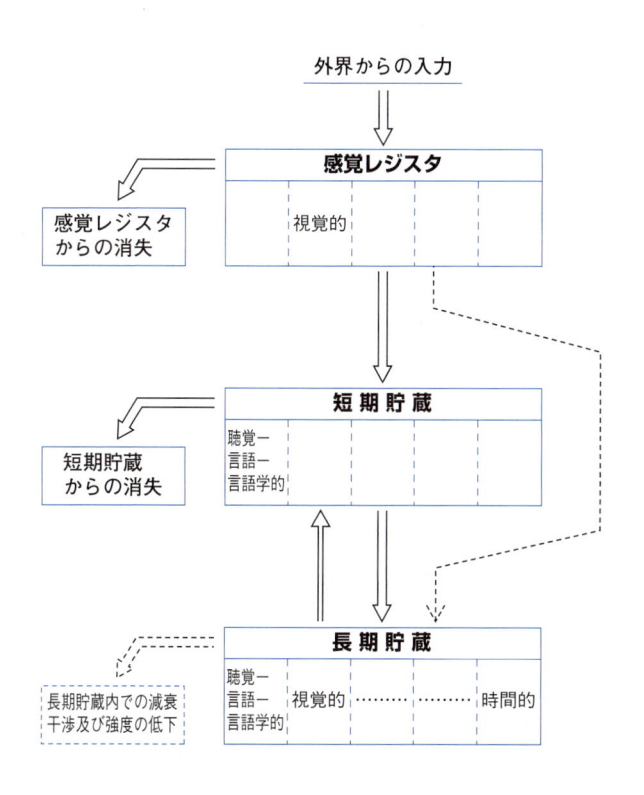

```
                    外界からの入力
                        ⇓
              ┌──────────────────────┐
              │      感覚レジスタ      │
┌─────────┐ ↙ ├──────────────────────┤
│感覚レジスタ│   │     │ 視覚的 │     │
│ からの消失 │   │     │       │     │
└─────────┘   └──────────────────────┘
                        ⇓                ╲
              ┌──────────────────────┐    ╲
              │      短 期 貯 蔵      │     ╲
┌─────────┐ ↙ ├──────────────────────┤      ╲
│ 短期貯蔵  │   │聴覚ー│     │     │      ╲
│ からの消失 │   │言語ー│     │     │       ╲
└─────────┘   │言語学的│     │     │       ╲
              └──────────────────────┘        │
                     ⇑     ⇓                 │
              ┌──────────────────────┐       │
              │      長 期 貯 蔵      │ ⇐─────┘
              ├──────────────────────┤
              │聴覚ー│        │       │
              │言語ー│ 視覚的 …… …… │ 時間的│
              │言語学的│        │       │
              └──────────────────────┘
┌ ─ ─ ─ ─ ┐
│長期貯蔵内での減衰│
│干渉及び強度の低下│
└ ─ ─ ─ ─ ┘
```

図 13-7　情報処理モデルの一例の概略（Atkinson & Shiffrin, 1971）

報の選択をコントロールする。思考の結果により意思決定がなされ，それにもとづいて必要に応じて身体的運動が生じる。また，情報が不足していることがわかれば，身体運動と注意の働きによって，新たな情報の探索が行われる。

このような人間の行っている情報処理に関する理論モデルにもとづいてコンピュータ・プログラムをつくれば，人間が頭の中で行っていることをコンピュータを用いてシミュレート（模擬）することも可能となる。その結果が，人間の実際の行為と異なっていれば，その理論モデルが不完全なのであって，その理論モデルを修正する必要がある。このようにして，コンピュータ・シミュレーションと人間を用いた心理学的実験とを対応させながら，人間の心理過程の理論を次第に正確で精密なものに高めていくことができる。このような理論モデルとコンピュータ・シミュレーションの使用も認知心理学の特徴の一つである。

参考図書

大山　正・東　洋（編）（1984）．認知心理学講座1　認知と心理学　東京大学出版会

御領　謙・菊地　正・江草浩幸（1993）．最新 認知心理学への招待——心の働きとしくみを探る——　サイエンス社

ルーメルハート，D. E.　御領　謙（訳）（1979）．人間の情報処理——新しい認知心理学へのいざない——　サイエンス社
　　（Rumelhart, D. E.（1977）. *Introduction to human information processing*. John Wiley & Sons.）

ナイサー，U.　古崎　敬・村瀬　旻（訳）（1978）．認知の構図——人間は現実をどのようにとらえるか——　サイエンス社
　　（Neisser, U.（1976）. *Cognition and reality : Principles and*

implications of cognitive psychology. W. H. Freeman.)

ラックマン, R.・ラックマン, J. L.・バターフィールド, E. C. 箱田裕司・鈴木光太郎（監訳）(1988). 認知心理学と人間の情報処理 I〜III　サイエンス社

(Lachman, R., Lachman, J. L., & Butterfield, E. C.（1979）. *Cognitive psychology and information processing : An introduction*. Lawrence Erlbaum Associates.)

これらは認知心理学一般に関する参考図書である。

猪俣佐登留（2005）. レヴィン――人格・社会行動への「場の理論の適用」――　末永俊郎（監修）鹿取廣人・鳥居修晃（編）心理学の群像1　アカデミア出版会　pp.261-288.

梅本堯夫（2005）. エビングハウス，バートレット　記憶研究における二人の先駆者　末永俊郎（監修）鹿取廣人・鳥居修晃（編）心理学の群像1　アカデミア出版会　pp.89-106.

レヴィンとバートレットの生涯と業績の解説がされている。

レヴィン, K. 相良守次・小川　隆（訳）(1957). パーソナリティの力学説　岩波書店

(Lewin, K.（1935）. *Dynamic theory of personality*. McGraw-Hill.)

バートレット, F. C. 宇津木　保・辻　正三（訳）(1983). 想起の心理学　誠信書房

(Bartlett, F. C.（1932）. *Remembering : A study in experimental and social psychology*. Cambridge University Press.)

ナイサー, U. 大羽　蓁（監訳）(1981). 認知心理学　誠信書房

(Neisser, U.（1967）. *Cognitive psychology*. Prentice-Hall.)

レヴィン，バートレット，ナイサーの代表作の翻訳書である。

Topic　感覚記憶研究と部分報告法

　10個程度の文字や数字を一瞬間提示してから，隠し，それを見た人に答えてもらうと，4～5個しか正確には答えられない。確かにはっきり見えていたのに，答えているうちに忘れ去ってしまう。この事実は以前から知られていたが，スパーリング（J. Sperling, 1960）が部分報告法という新しい実験法を開発して，見える文字数と答えられる文字数の違いを別々に調べることを可能にした。

　タキストスコープという実験器具を用いて，たとえば3行4列に配列されたローマ字か数字を50ミリ秒間提示する。ただちに被験者に，知覚した文字をすべて答えてもらう（全体報告法）と，平均約4.5文字の正答が得られた。次に被験者の回答の負担を減らすために，1回の提示では，上中下3行中のうちの1行のみ答えればよいことにした（部分報告法）。ただし，観察中はどの行を答えるべきかわからないように，文字刺激提示終了後に，ランダムに決めた行を高中低の音で示し，その音に対応する行のみについて見えた文字を答えてもらった。この部分報告法の結果では，平均約3文字が正しく答えられた。1行4文字が提示されているから，正答率に換算すれば約75％の正答率に相当する。このような実験を，文字を変えて反復し，答える行もランダム順に変え上中下が均等になるようにした。これは一種の標本調査（世論調査に用いられる）であり，答えを求めなかった行でも同率で正しく見ていたことが推定される。75％の正答率なら，3行全体では9文字答えられたはずと推定される。全体報告法の場合は，答えている間に半分は忘却されて，約4.5文字しか答えられなかったのであろう。その証拠に，答える行を指示する音の提示時点を遅

らせると、図13-8のように正答率は急速に低下し、1秒以内に全体報告法の結果と同程度になった。この結果から、スパーリングは非常に短期間だけ、目に到達した情報を保存する視覚情報保存（visual information storage, VIS）の過程を仮定した。ナイサー（Neisser, 1967）はそれをアイコン（icon）と名づけた。これは感覚記憶（sensory memory）とか、感覚レジスター（sensory register）ともよばれている。

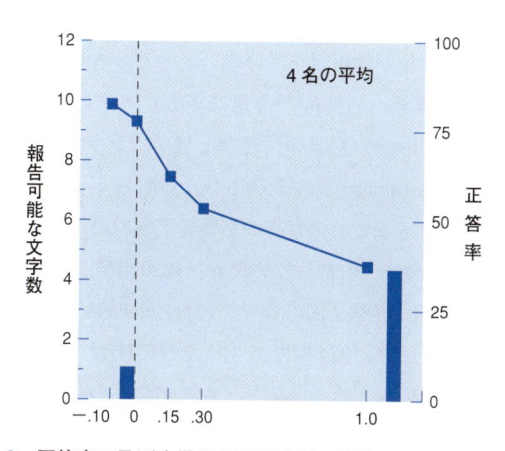

図13-8 正答率に及ぼす信号の遅延時間の効果（Sperling, 1960）

Topic 社会心理学の成立と発展

19世紀末にすでにタルド（J. G. Tarde）による模倣の研究やル・ボン（G. Le Bon）による群衆心理の研究など，社会心理学の萌芽が生まれていたが，体系的な社会心理学の成立は，20世紀になってからである。1908年に「社会心理学」と題する2冊の著書が出版された。イギリス（のちにアメリカに移住）の心理学者マクドゥーガル（W. McDougall）の『社会心理学入門（*Introduction to Social Psychology*）』とアメリカの社会学者ロス（E. A. Ross）の『社会心理学（*Social Psychology*）』である。前者はダーウィンの進化思想にもとづいて，人間の生得的な本能とそれに伴う情緒のリストを作り，人間の社会行動の基礎とした。後者はタルドの模倣説や相互作用説を受け継いでいる。その後アメリカにおいて社会心理学への関心が急速に高まり，1935年にはマーチソン（C. Murchison）編集の『社会心理学ハンドブック（*Handbook of Social Psychology*）』が発刊された。

個人行動に対する他者の存在の影響を実験的に調べようとする試みも19世紀末から始まっていたが，1920年にドイツのメーデ（W. Moede）が『実験集団心理学（*Experimentelle Massenpsychologie*）』として，また1924年にアメリカのF. H. オルポート（第8章に述べたG. W. オルポートの兄）が，他の人の存在による行動の「社会的促進」の実験成果をもとに行動主義的立場より『社会心理学（*Social Psychology*）』を発表した。またメーヨー（E. G. Meyo）を中心に，1930年前後にホーソン工場でなされた研究（ホーソン研究）は産業における人間関係の重要性を示し，その後の人間関係論に大きな影響を与えた。また1934年にモレノ（J. L. Moreno）により対人関係の構造やその関係の強さを数量化す

るソシオメトリー（sociometry）が開発された。G. W. オルポートが1930年代に社会的態度の測定研究を始め，その後，流言の研究も行った。さらに新行動主義者のハル（第12章参照）の弟子であるホヴランド（C. I. Hovland）を中心に態度変容の研究がなされた。マス・コミュニケーション研究や世論調査も1940年代から始まった。

　ゲシュタルト心理学者のレヴィン（第10章）による小集団研究が1930年代からドイツで始まり，彼の移住によって，アメリカでグループ・ダイナミックス（集団力学）研究として開花し，リーダーシップ，集団意思決定，集団凝集性，集団構造，集団規範などが研究された。第2次世界大戦時にはアメリカの社会心理学者たちが軍に協力して，リーダーの適性，士気，チームワーク，情報宣伝などの研究をした。それらは戦後の社会心理学の動向に大いに影響している。1950，60年代にはフェスティンガー（L. Festinger）の**認知的不協和理論**（cognitive dissonance theory）やハイダー（F. Heider）の**認知的均衡理論**（cognitive balance theory），**帰属理論**（attribution theory）など，認知心理学の影響が強くなった（廣田，1994；末永，1981）。

日本における心理学の導入と発展 14

　一般に我が国に西欧の学問が導入されたのは，明治初年の開国以後のことである。しかし心理学は西欧においても比較的若い学問であり，心理学の独立の年とされるヴントの心理学実験室開設の1879年は明治12年に相当する。したがって，心理学については，我が国は西欧諸国にさほど遅れずに導入し発展させることができた。我が国で最初の専門的心理学者である元良勇次郎は明治21年（1888年）に東京大学で「精神物理学」の名で心理学の専門講義を始めた。彼の指導のもとに，次第に心理学の専門家が育ち，心理学研究室も諸大学に設置されていき，基礎と応用の心理学の普及と研究が進められた。心理検査，精神分析学，ゲシュタルト心理学，行動主義の導入も，昭和の初期にはすでに終わり，第2次世界大戦後にアメリカの心理学の影響が強力となった時点では，それらを主体的に選別し導入できる地盤ができていた。

● 導入期

　西洋思想としての心理学が日本に導入されたのは明治初年以来である。『心理学』の題名の本が我が国ではじめて出版されたのは明治8年（1875年）であるが，これは，ヘヴン（J. Haven）の"*Mental Philosophy*"を，幕臣としてオランダに留学した経験がある西　周（1829-97）が翻訳したものである（図1-1参照）。しかし，まだ心理学の語はpsychologyの訳名としては使われていなかった（佐藤・溝口，1997）。

　1877年（明治10年）に東京大学が開校されると外山正一（1848-1900）により哲学，英語，社会学とともに心理学が教えられた。彼はA. ベインの本をテキストとして用い，進化論的連合主義者H. スペンサーの導入にも熱心であったという（第6章参照）。しかし外山は心理学の専門家とはいえない。

　東京大学（当時の名称は帝国大学）で心理学を専門的に教えたのは，1888年（明治21年）に講師となり，2年後に初代教授となった元良勇次郎（1858-1912）である（図14-1）（苧阪良二，1998；苧阪直行，2000）。

　彼は1883年から5年間アメリカに留学し，ジョーンズ・ホプキンス大学で前出のホール（G. S. Hall）（第6章参照）に心理学の指導を受け，創刊したての『アメリカ心理学雑誌』にホールと連名で「圧の漸次的変化に対する皮膚の感受性」と題する論文を1887年に発表している。W. ヴントが心理学の独立に成功した1879年よりわずか9年後に，その流れをくむ本格的な心理学がアメリカを経て我が国へ，元良により導入されたのである。なお元良が帰国後最初に東大で担当した講義を「心理学」でなく「精神物理学」と題したことは興味深い。彼は講義中に数個の実験を供

図14-1　**元良勇次郎**（1858-1912）（元良，1915）

覧している。現代の用語で表せば、反応時間、連想、聴覚弁別などである。

元良は1889年より1891年にかけて「精神物理学」の題名で、『哲学会雑誌』に12回にわたり論説を掲載している。おそらく、彼自身の講義録にもとづいたものと推察される。その内容は、神経系、目と耳の構造、感覚、意識、注意、リズム、観念の同伴（連合）などにわたり、かなり広い範囲の心理学的問題を論じている（大山，2001，2013-17）。

元良は心身の関係に関する基礎的な問題を考究するとともに、応用問題にも関心があり、門下の松本赤太郎（また）(1865-1943；p.257 図14-3) の協力を得て、1904年にカタカナとひらがなの読み書きの難易の比較や、1909年には学業不振児童の注意力の訓練について発表している（Topic 参照）。また西欧の思想を我が国へ導入紹介するだけでなく、1905年にローマで開催された第5回国際心理学会議では「東洋思想における自我の観念」について講演している。東大には初期にも小さい実験室があったが、1903年には、松本の協力を得て、我が国最初の独立した心理学実験室を創設した（p.259 Topic 参照）。1910年には元良が主宰していた東京帝国大学心理学教室編による『実験心理写真帖』が出版されている。これには感覚・知覚・注意・反応時間・記憶・感情・書記などに関する37の実験テーマについて心理学機器の使用法と実験法が記されている（苧阪直行，1999，2000）。当時すでにかなりの実験機器が整備され、種々の実験法が導入使用されていたことがわかる。元良の心理学の体系を記した大著『心理学概論』は彼の没後1915年に出版された。

Topic 注意の練習

　元良は注意の研究を応用して学業不振児童に注意集中の訓練を行い，学業増進の試みを行っている（元良，1909）。すなわち，彼は児童の学業不振の一部は注意散漫にもとづくもので注意の訓練で改善できると考え，「練心機」と称するものを開発した。練心機には視覚と聴覚と2種あるが，視覚練心機は図14-2のように垂直に立つパネルの横長のスリットに，その背後で回転する水平円筒に貼られた色紙の小片の横列がほぼ1秒ごとに次々と提示される装置である（苧阪良二，1998）。一度に12個ずつのさまざまな順に並んだ色が提示されて，毎回そのうちの特定の色（たとえば赤）を素早く探し棒で指す訓練である。彼はこの練心機を用いて学業不振児童20数名と普通児30名に数ヵ月にわたり注意集中の訓練（1日10分ずつ2回）をさせたところ，学業とくに算術（算数），反応時間，瞬間提示のドット数の把握，フィンガー・タッピングの持続が向上し，その向上の度合は学業不振児童で顕著であったと報告している。元良はほぼ同様の内容を1911年にドイツの雑誌に発表している。今日の言葉でいえば学習障害（LD）ないし注意欠陥・多動性障害（AD/HD）の改善の試みであり，きわめて先駆的な研究といえる。

図14-2　視覚練心機（苧阪良二，1998）

発展期

　この元良の教えを，その初期に東大で受けた者に前述の松本亦太郎がいる。松本は，その後エール大学のスクリプチュア（Edward Wheeler Scripture, 1864-1945）のもとに留学し，東大以来の研究テーマである聴覚による空間知覚の研究を行い，1900年に帰国し，高等師範学校（筑波大学の前身）と女子高等師範学校（お茶の水女子大学の前身）で教えたのち，1906年に京都帝国大学（現京都大学）に初代教授として赴任し，1913年には東京帝国大学（現東京大学）で，急逝した元良の席を継ぐことになる（苧阪直行，2000）。

　松本は『精神的動作』（1914年），『実験心理学十講』（1914年），『智能心理学』（1925年）を著した。内観よりも，人の動作の客観的測定を重視した。図14-3に示されている彼の肖像画は，彼の研究態度をよく表している。これは幼児の書字動作の時間的測定の実験場面を示したもので，カタカナ，ひらがなの書記時間の比較が主たる目的である。『実験心理学十講』では，彼の考えていた実験心理学のアウトラインが体系的に示されている。第一講の「実験心理学の発達」から第十講の「意志作用」に至る10講（章）の随所に感覚・知覚（第三・四講）とともに行動的側面が強調される。第五講の「意識作用の時間」は主として反応時間測定より成り，第六講の「智的作業」では暗記，読書，書写，計算について論じ，第七講では智的作業の練習，疲労，時間，天候条件などを取り上げ，第九講「情緒及思想の発表」では身振り，言語，歌を扱い，第十講で意志的動作について論じている（松本，1914b）。この書で紹介される実験データは欧米の心理学者の成果の引用も少なくないが，彼自身や彼の指導した実験結果も紹介

図 14-3　**松本亦太郎**（1865-1943）（長谷川路可画；東京大学心理学研究室所蔵）（日本心理学会，2002）

されている。

　松本は心理学の応用にも大いに力を入れた。門下の若手の心理学専攻者を社会の諸方面における心理学の応用に当たらせた。その分野とは，軍事，産業，郵便，電信・電話，鉄道，司法，職業指導，教育，航空などである。彼は我が国における応用心理学の基礎を作った（大山，1998）。

　大学における心理学の専門教育は，東京・京都帝国大学に続き，1923年に東北帝国大学（現東北大学）（初代教授は千葉胤成，以下同様），1924年に日本大学（渡辺　徹），1926年に九州帝国大学（現九州大学）（佐久間　鼎），1927年に同志社大学（本宮彌兵衛），立教大学（岡部彌太郎），法政大学（城戸幡太郎），1928年に慶応義塾大学（横山松三郎），1929年に東京文理科大学（現筑波大学）（田中寛一），広島文理科大学（久保良英），1931年に早稲田大学（赤松保羅），1934年に関西学院大学（今田　恵）において始められた（専門教育開始年度の基準は大学により若干異なっている）。これらが，第2次世界大戦終了前の旧制大学において心理学専攻をもつ大学であった（日本心理学会，1980）。

　大学ごとの教員，学生，大学院生，卒業生などの心理学の研究的会合が，20世紀初頭から心理学会・研究会・談話会・読書会などの名で開かれ，また一般人に対する心理学の普及の目的の心理学通俗講話会も1909年から開催されていた。各地で心理学の研究教育が行われるようになると，全国的な組織として日本心理学会が1927年に発足し，松本が初代会長を務めた。その前年に有志により発刊されていた『心理学研究』を機関誌とした。初期には隔年で全国大会が開かれていたが，1947年からは毎年開催となり現在に至っている（p.269 図14-7参照；日本心理学会，

Topic　我が国初の心理学実験室

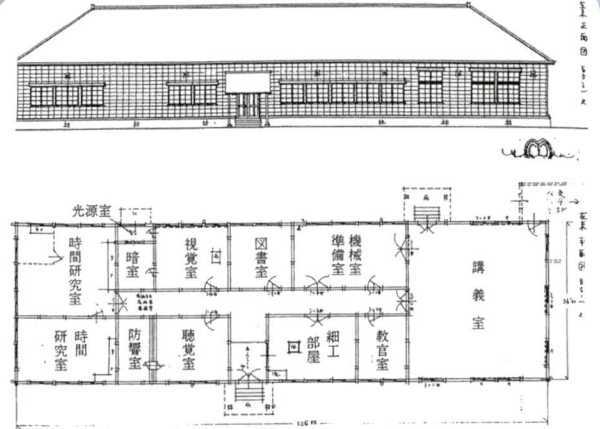

図14-4　東京帝国大学に精神物理学実験室（心理学実験場）設立（1903年）（肥田野，1998）

　ヴントが世界最初の公認の実験室を設置した1879年が実験心理学誕生の年といわれているように，実験心理学には実験室が欠かせないものである。在米中に実験室利用を経験した元良にとって，実験室に対する要求は強かった。彼は当時の帝国大学理科大学（東大理学部の前身）や工科大学（工学部の前身）の実験室の一部を借りたり，法文科大学（法学部・文学部の前身）の一部に仮の実験室を設置して，細々と実験を実施していたという。松本の音空間の実験もそこで実施されたと推定される。このような心理学実験室設置の要望は，1903年に実現された（図14-4）。旧病理学教室の改造によるものである。間口約38m，奥行き約11mの木造平屋建ての独立した家屋であり，講義室，機械室（準備室），図書室，視覚室，暗室，時間研究室2室，聴覚室，防響室，細工部屋，

(p.261に続く。)

2002)。日本心理学会の会員数が現在は7,000名を超えている。

心理検査の導入

ビネ・シモンの知能検査（第8章）の我が国への最初の組織的紹介・導入は，精神医学者の三宅鉱一らにより，1909年になされた。彼らはビネの論文を紹介した上に，自分たちの実験結果を踏まえた独自の日本人用の検査セットを発表している。さらに三宅は翌年，ビネ検査の1908年版を翻訳・紹介している。また医師で治療教育の実践家であった三田谷 啓は，ドイツ留学中にボーベルターク（O. Borbertag）によるドイツ版ビネ式知能検査に接し，帰国後同版にもとづいて1915年に「学齢児童知力検査法」と「学齢児童知力検査函」を検査用具として開発・発売した（鈴木他，2009）。一方，単なる邦訳ではなく，日本人児童のデータにもとづいて，日本人用のビネ・シモン検査の標準化をはじめて試みたのは，元良とホールに学んだ心理学者の久保良英（1883-1942）（後に広島文理大学初代心理学教授）である。彼は1918年にビネの初版にもとづいて日本版を発表している（鈴木，2003）。また大阪市視学（視学＝教員の指導官）であった鈴木治次郎（1875-1966）は1920年からビネらの知能検査の研究に打ち込み，鈴木―ビネ式知能検査を開発し1925年に発表した。また松本の薫陶を受けた東京文理科大学初代心理学教授の田中寛一（1882-1962）は1938年よりスタンフォード版にもとづいて日本版ビネ式知能検査の多くのデータを用いた組織的な標準化を行い，第2次世界大戦中にすでに完成していたが，戦後1947年になって「田中びねー式智能検査法」（1970年版より田中ビネー式知能検査法と表記変更）として公刊に至った。彼は田中教育研究所を設

(p.259より続く。)

教官室から成っている。

　このうち時間研究室とは，当時の行動研究が反応時間や動作時間の計測が主流であったので，そう名づけられたのであろう。また細工部屋とは工作室のことで，専任の大工（技能員）がいたようである。この実験室の設置には，当時の教授の元良に松本が大いに協力し，松本が留学中に見学したアメリカの心理学実験室を参考にしたようである。この実験室で用いる実験器具については，特別予算が出て，留学中の松本が選定して，主としてドイツ製の実験機器を購入した（肥田野，1998；苧阪直行，2000）。

　この実験室を，元良は精神物理学実験室とよんだが，後には，心理学実験場とよばれるようになった。この後，1908年には，京都帝国大学に，初代教授となった松本自身の発案による，我が国で2番目の心理学実験室が新築された。東大のものよりわずかに小さく配置が異なるが，ほぼ同様な部屋を備えている。その後，1923年に関西学院（大学昇格前），1925年に東北帝国大学，1926年に慶応義塾大学，1927年には九州帝国大学，と心理学実験室が次々に設置されることとなる（日本心理学会，1980）。

立していたので，田中の没後も同検査の改訂が同研究所により続けられている（中村・大川，2003；西川・高砂，2005）。

アメリカのアーミー・テスト（第8章参照）を起源とする集団式知能検査については，1922年には我が国でも紹介され，1924年に日本の陸軍で試用された。また東京市の委嘱をうけ，日本大学心理学初代教授の渡辺　徹（1883-1957）らにより，1923年にアメリカの国民知能検査（A式）が翻案され，東京市の児童約8,000名に施行された（佐藤・溝口，1997）。

パーソナリティ検査については，すでに1924年に中島信一により「道徳的精神検査」が，1926年には大伴　茂により「情緒不安定性テスト」が開発されている。しかし質問紙法による総合的な性格検査である矢田部・ギルフォード性格検査の開発は第2次世界大戦後の1954年になってからである（辻岡，1957）。内田勇三郎（1894-1966）は1920年代にクレペリン（E. Kraepelin）の連続加算法を多くの精神病患者に適用し，作業曲線の比較を行い，作業検査である内田クレペリン精神作業検査を開発した（佐藤・溝口，1997）。また内田は1925年に早くも投影法検査であるロールシャッハ・テストを紹介している。久保良英は1934年にその適用を試み，本明　寛は1942年に形体反応に関する研究を発表しているが，同テストの広範な普及は第2次世界大戦後になってからである（片口，1984）。

精神分析学の導入

元良の留学中の師であるホールのもとには，その後も元良に紹介されて日本から留学する者が多く出た（西川・高砂，2005）。1909年のクラーク大学開学20周年記念に，同大学に学長として

Topic 我が国初の女性心理学者——原口鶴子

　現在では考えられないであろうが，第2次世界大戦終了までは，我が国では女子は大学に入学できなかった。女子が入学できた高等教育機関は東京と奈良の女子高等師範学校（現お茶の水女子大学，奈良女子大学），東京女医学校（現東京女子医科大学），女子英学塾（現津田塾大学），日本女子大学校（現日本女子大学）などに限られていた。それらは修学年限も男子が入学できた大学より短かった。そのうちの日本女子大学校英文学科に1902年に入学した新井鶴子（図14-5）は，心理学の科目を松本亦太郎（当時東京高等師範学校教授）に学び，感銘を受けて，卒業後さらに心理学を学ぶために，1907年にアメリカのコロンビア大学大学院に留学した。

図14-5　原口（旧姓新井）鶴子（1886-1915）

（p.265に続く。）

移ったホールに招待されて，フロイト（S. Freud）が一連の講義を行ったことはよく知られている（第9章）。その際の記念写真に，精神分析家のユング（C. G. Jung），ジョーンズ（E. Jones），心理学者ジェームズ（W. James），ティチェナー（E. B. Titchener），精神医学者マイヤー（A. Meyer）らとともに，元良の弟子である蠣瀬彦蔵と神田左京の2名の日本人が写っている。これは日本の精神分析がアメリカ経由で導入されたことを如実に示している（大山，2004a；p.267 図14-6参照）。蠣瀬（1911）は帰国後，アメリカ心理学に関する報告の中でユングの連想診断法とフロイトの精神分析法と夢の解釈に言及している。翌年，やはり元良の弟子である大槻快尊（1912）が「もの忘れの心理」という論文を発表し，精神分析学的に解説している。また木村久一（1912）が「精神分析法の話」という短文を書いている。1917年には，蠣瀬の薦めでクラーク大学に留学してホールから精神分析学を学んだ久保良英が『精神分析法』を出版した。これは我が国における最初の精神分析の体系的解説書であろう（安齊，2000）。その序にはホールが毎回の講義でフロイトやアドラー（第9章参照）の所説にふれたと述べられている。

　また矢部八重吉はカリフォルニア大学バークリー校で心理学を学んだ後，帰国し鉄道省に勤務していたが，精神分析に興味を抱き，1930年にロンドンに赴き，グローバー（E. Glover）から精神分析の訓練を受け，ジョーンズから理論を学んだ。さらに矢部はジョーンズから精神分析士の資格と東京に国際精神分析協会の支部をおく許可を得た（安齊，2000）。その2年前に，矢部は大槻憲二に協力して東京精神分析研究所を設立していた。大槻は心理学者でも医師でもなく，早稲田大学で文学を学んだ人である。

(p.263より続く。)

彼女の修学年限が大学より短く，また飛び級をしていて，まだ21歳であったにも関わらず，大学院生として受け入れられ，ネコの問題箱実験で著名なE. L. ソーンダイク（第11章）の指導を受けることができた。彼女は，勉学と研究に大いにはげみ，1912年に26歳の若さで，「心的疲労」の研究で博士（Ph.D.）号を取得し，また同日に留学生であった原口竹次郎と結婚し原口姓となった。帰国後，講演や著作と育児に励んだが，結核にかかり，将来を嘱望されながら，惜しくも1915年に29歳で，2児を残し，亡くなった。著書『心的作業及び疲労の研究』（1914年），留学記『楽しき思い出』（1915年），翻訳書ゴールトン原著『天才と遺伝』（1916年）がある（本間，2001；西川・高砂，2005）。

その後，原口鶴子の遺志を継いで，日本女子大学校からアメリカに学んだ和田（高良）とみ（後に参議院議員）などの女性の心理学者が数名現れた。第2次世界大戦終了後は大学が女子に開放されて，現在は心理学専攻学生数は，女子が男子を超える盛況となっている。

同研究所は1933年に『精神分析』を創刊した。矢部と大槻は臨床的実践も行っていたが、その雑誌の内容の多くは臨床的なものではなかった。同誌の創刊号に載った「本研究所事業案内並びに業績報告」によれば、同研究所は神経症治療と性格改造を行う分析部、講演会講習会を行う教育部、『フロイド全集』などの出版を行う出版部、会員相互の研究会などの活動を行っていた。

精神医学界における精神分析の導入者である丸井清泰は1916〜19年にジョーンズ・ホプキンス大学のマイヤーの下に学んだ（安齊, 2000）。丸井は1919年に帰国後、東北帝国大学医学部教授として精神病学を教えたが、1922年に創立された法文学部においても「精神病学概論」を1924年より隔年に心理学専攻者を主な対象として教えた。1932年に聴講した北村晴朗（後に東北大教授）のノートによれば、マイヤーの精神生物学の立場に立って精神異常を規定していたが、その多くの部分で精神分析について講じていたという（北村, 2004）。これが我が国の心理学の正規授業において精神分析学が講じられた最初であろう。丸井（1931）は講座『教育科学』において精神分析を解説し、さらに日本心理学会第4回大会（1933年, 仙台）における「無意識の問題」という宿題報告（シンポジウム）で、精神分析の立場から無意識について講演している（日本心理学会, 1933）。また同年心理学者の佐藤幸治と『心理学研究』誌上で論争した（佐藤, 1933；丸井, 1933）。丸井は1934年に国際精神分析協会仙台支部を設立した（安齊, 2000）。

丸井の弟子の古沢平作は1931年にウィーンのフロイトを訪ね、彼の指示でシュテルバ（R. Sterba）に教育分析を受け、フェデールン（P. Federn）にスーパーヴィジョンを受けた。彼は仏典に

図14-6 フロイト（前列左端），ユング（前列左から2人目）らとともに写った蠣瀬彦蔵（ユング右2人目の後）と神田左京（ユングの右後）（図9-3の一部の拡大）

ある古代インドの王子阿闍世（あじゃせ）の故事から阿闍世コンプレクスを発案した。とくに日本人に生じやすい母親と子どもの間の両面価値的な感情に関するコンプレクスである（武田, 1990）。彼は帰国後, 東京で医院を開業し精神分析治療を行った。

東京の大槻らの活動と仙台での丸井らの活動の間に若干の交流があったようである。これらの開拓者の努力にも関わらず, 精神分析学は精神医学と心理学の学術機関にはなかなか受け入れられず, 主として文学界を通して人々に知られていった（曽根, 1986）。また1926年にフロイトの『精神分析入門』が安田徳太郎によって翻訳されアルス社から出版され, 1929～40年には, 大槻・矢部らによって『フロイド精神分析学全集』が春陽堂から, また1930～33年に丸井・久保の他新関良三（独文学者）, 林　髞（たかし）（生理学者）, 木村謹二（独文学者）, 安田徳太郎・菊池栄一（独文学者）らによって『フロイド精神分析大系』がアルス社から翻訳出版された。これらの翻訳を通して, 精神分析は日本の一般知識人や心理学者たちに親しまれていった。

以上のように精神分析学の心理学への導入は, 主に民間のルートを通してなされた。これは, 国立大学教官が文部省から派遣されて留学し, そこで得た知識を大学の授業や学会活動を通して普及させた他の学派（たとえばゲシュタルト心理学）の受容の過程とは大いに異なっている（苧阪直行, 2000；Oyama et al., 2001）。

● ゲシュタルト心理学の導入

1912年にウェルトハイマー（M. Wertheimer）により, 仮現運動の研究が発表され, ゲシュタルト心理学（第10章）が発足してから間もなく第1次世界大戦（1914～18年）が勃発し, 当時

図14-7 昭和2年（1927年）に東京帝国大学で開催された日本心理学会第1回大会の記念写真（日本心理学会，2002より）
唯一の女性参加者は和田（高良）とみ氏。

ゲシュタルト心理学の導入

交戦関係にあった日独間には交流が途絶えて，その情報が我が国に伝えられなくなった。アメリカに留学中であった高木貞二(さだじ)（1893-1975）が帰路に戦後のドイツに立ち寄り，ゲシュタルト心理学に接し，帰国報告を1921年に東大で開かれた心理学談話会で行った。これが，ゲシュタルト心理学の活動が直接日本に伝えられた最初といわれる（松本，1937）。

これを聴講した佐久間 鼎(かなえ)（1888-1970）はそれに触発され，ゲシュタルト心理学に魅力を感じ，九州帝国大学初代教授に内定した折に，着任前の留学先に，W. ケーラーが主宰するベルリン大学を選んだ。1923年から2年間留学したベルリン大学では，当時私講師であったレヴィン（K. Lewin）の個人教授を受け，さらにレヴィンの協力の下で運動視の奥行き効果の研究を行った。佐久間は帰国後，九州帝国大学を中心にゲシュタルト心理学の研究と翻訳，著作による紹介に大いに努力した（苧阪直行，2000）。

千輪(ちわ) 浩（1891-1978）は，東京帝国大学助教授であった1933年から2年間ベルリン大学に赴き，主としてレヴィンに師事し，帰国後，ゲシュタルト心理学の普及に努めた。

盛永四郎（1908-64）は，東大大学院生を中心とした勉強会レヴィン・クラス（のちに木曜会に改称）に所属し，熱心に議論に参加しゲシュタルト心理学に次第に魅せられていった。彼は1935年にドイツのフランクフルト大学に留学し，メッツガー（W. Metzger）の指導の下で，ルビン（第10章）によってすでに実験現象学的に見出されていた「等しい幅（Ebenbreite）の要因」について実験的に研究するとともに，毎年の夏季と戦争が激しくなった1939年からは，デンマークのコペンハーゲン大学のルビンの研究室に移り，美的配置の研究を行い1940年に帰国した

Topic ユニークな心理学者――黒田 亮

　1928年から1944年までの間，京城帝国大学（ソウル大学の前身）の心理学教授を勤めた黒田　亮（りょう）（1890-1947；図14-8）は外国留学をしていないが，英語の論文が多く，外国の心理学者と文通により交流し，1935年から1945年の間 *"Psychological Abstracts"* 誌の編集委員を務めている（大塚，1982）。彼が（旧制）新潟高等学校教授時代に行った爬虫類とカメの聴覚の研究は国際誌に英文で発表され，ワーデンら（Warden, Jenkins, & Warner, 1934）の *"Introduction to Comparative Psychology"* の多くの箇所で紹介されている。

　黒田（1939）は，親ザルが子ザルの鳴き声を聴いて子ザル

図14-8　黒田　亮（1890-1947）

（p.273に続く。）

ゲシュタルト心理学の導入

（大山，2009）。

ドイツがナチスの時代になると，ユダヤ系の人が多かったゲシュタルト心理学者の多くは弾圧されアメリカに逃れた。しかし，我が国では，その影響は少なく，ドイツと同盟した第2次世界大戦中でも，全体論を唱えるゲシュタルト心理学は歓迎されて，むしろ学会の主流を占めた。

● 比較心理学と行動主義の導入

元良に指導を受けた増田惟茂（これしげ）（1883-1933）はスズメとブンチョウを用いた問題解決過程の実験的研究を1908～09年に報告している（増田，1908-09）。ソーンダイク（E. L. Thorndike）の問題箱実験（第11章参照）に類似した研究であるが，我が国の心理学者による最初の組織的な動物実験であろう（大山，2004b）。増田は大学院において比較心理学を専攻し，1911年にヤーキーズ（R. Yerkes）の弁別箱（第7章参照）を模して水槽内に魚用の弁別箱を作り，コイとキンギョで左右弁別と白黒弁別学習の実験を行っている（増田，1915）。また増田は1914年にホルムズ（S. J. Holmes）の"*The Evolution of Animal Intelligence*"（1911年）の訳を『動物心理学』の名で出版している（浅見・岡野，1980）。また増田はワトソン（J. B. Watson）の行動主義（第11章参照）に関心をもち，その紹介も行っているが，それに批判的であった（増田，1926）。

パヴロフの条件反射研究（第11章参照）はすでに1916年に黒田源次によりかなり詳細に『心理研究』誌上に紹介されている。彼は，パヴロフのもとに留学した2名の日本の生理学者（石川日出鶴丸，佐武安太郎）から情報を得，さらに自らも実験を試みた

（p.271より続く。）

を探す行動を観察して，サルの音源定位について興味をもち，自ら実験を始めた。反響音を避けるため，開放された野外で実験した。半径30mの半円の中心に親ザルを置き，円弧上に置かれた数個の同形同大の箱の一つに子ザルを入れて，子ザルの鳴き声を頼りに親ザルに捜させた。子ザルの入った箱と隣の箱の方向が30度離れていれば，親ザルは間違えることなく子ザルの入った箱に向かうが，15度以内になると誤りを犯した。この約30年後にサルの音源定位の組織的研究を始めたステビンス（Stebbins, 1971）は，黒田をサルの音源定位研究の先駆者としている。

黒田（1938）は前述の動物の実験的研究とともに東洋思想の文献的研究を並行して行い，精神過程を「覚」と「識」に分ける独自の理論を提案し，学習や熟練過程を論じた。彼はその立場から，普通の人が練習によって多くの並行作業を同時にできるようになるか否かを実験的に検討している。彼は，①やや大きさの異なる2種の鉄球を左手によって触覚的に弁別して分類する作業，②視覚的に与えられる数字が奇数・偶数であるかに応じて2個の電鍵のいずれかを選択して右手で押す作業，③聴覚的に与えられる数字の加算，④聴覚的に数字と交代に与えられる単語の記憶，の4課題を設定して，3人の被験者に対して，1課題から練習を始め，段階的に課題数を増やして練習させていくと，14日間の間に，4課題を同時並行的に実行できるようになることを確かめた。この研究は松本らの精神動作学の発展とも考えられるが，近年の認知心理学で取り上げられている注意の分配と自動化，多重課題処理に関する先駆的研究ともいえる。

ようである。しかし心理学者として条件反射研究を組織的に行ったのはこれより20年以上後の関西学院大学の古武彌正（1912-97）である。彼は生理学者林　襄の指導を受け，人間における唾液条件反射の研究に着手し，メトロノーム音を条件刺激，酸性溶液を無条件刺激に用いて，条件反射の形成，般化，分化などの研究を行い，その後の条件反応の基礎を築いた（今田　寛，2001；古武，1943a，b；古武・新浜，1956）。

　松本の指導を受けた今田　恵（1894-1970）は思考を発声されない言語活動（subvocal speech）とするワトソン（Watson, 1919）の考えを実験的に検討する一つの方法として，聾唖者に彼らの言語活動である手話運動を禁じて計算させることを試みようとした（今田　恵，1923；今田　寛，2001）。しかし，計算に指を動かす聾唖者が予想外に少なかったので，予定を変更して，聾唖者の中で，計算に指を用いる者と用いない者との計算能力の比較を行った。聾唖者中で計算の際に指を用いる者は，指を用いない者に比べ，計算速度は遅いが，計算は正確である傾向が見出された。

　なおワトソンの著書 "*Behaviorism*" の訳は，那須　聖によって『人間はいかに行動するか』という題名で第2次世界大戦の真最中にもかかわらず1942年に発刊されている。

　梅岡（1943）は東京大学において手製のスキナー箱を用い，シロネズミのバー押し反応の実験を行っている。これはおそらく我が国における最初のスキナー箱実験であろう。ネズミがバーを押すと，回路が閉じ電磁石が働き，電磁石で作動する刃によって垂直に立てられた乾しうどんの一定量が切り落とされて，実験箱の餌皿にすべり落ちるように工夫されている。また同時にカイモグ

ラフに反応が記録される。梅岡はレヴィンの理論における心理学的力の測定の立場から実験結果を考察しているが,周期的強化の分析などをすでに行っている。なおこの論文にはスキナーの主著 *"The Behavior of Organism"* はじめ3編の雑誌論文が引用されている。第2次世界大戦の最中に行われたオペラント行動研究として注目される。なおスキナー箱実験が我が国に本格的に導入されるのは,第2次世界大戦後である(岡本,1952)。

　第2次世界大戦が終わると,戦勝国であるアメリカの心理学が我が国に怒涛のごとく流入されてくる。そのうちとくにハル(C. L. Hull)の行動理論(第12章参照)は日本の基礎心理学者の注目を引くことになる。しかしそれらを受け止める地盤がすでに日本の心理学の中に用意されていたといえる(大山,2004b)。

●●● 参考図書

西川泰夫・高砂美樹（編著）(2005)．心理学史　放送教育出版会

　日本の心理学史を中心にした放送大学のテキストであるが，放送とは別に書物として理解できるように編集されている。入門者にもわかりやすく，かつ詳しく書かれている。日本の心理学の発展に尽くした心理学者20数名についても個人ごとに詳しく述べられている。

大山　正（監修）安齊順子（編著）(2007)．あたりまえの心理学——心理学入門——　文化書房博文社

　入門用の心理学テキストだが，心理学史の部分が他のテキストよりはるかに詳しく，日本の心理学史が「明治」「大正」「昭和」の3講に分けて，かなり詳細に述べられている。本章の補足にすることができる。

苧阪直行（編著）(2001)．実験心理学の誕生と展開——実験機器と史料からたどる日本心理学史——　京都大学学術出版会

　『心理学評論』誌に掲載された8編の論文をもとに，追加編纂されたもので，我が国における主要な国立大学心理学研究室が発展してきた過程と，それに貢献した初期の心理学者たちの学風と業績について述べられ，心理学実験機器の発達過程についても詳しい。

佐藤達哉・溝口　元（編著）(1997)．通史　日本の心理学　北大路書房

　明治初期から近年に至る日本の心理学の発展過程を，その背景となる学術と社会の状況の変化とともに，9人の執筆者が分担して資料に忠実に詳細に執筆した600ページを超す体系的な労作である。

心理学関連重要文献年表

著者・編者	題名	発行年	本文中引用頁
ヒッポクラテス	『人間の自然性について』	BC4・5世紀	10
プラトン	『パイドン』	BC4世紀	10, 20
プラトン	『国家』	BC4世紀	10, 12
プラトン	『ティマイオス』	BC4世紀	10
アリストテレス	『心について（霊魂論）』	BC4世紀	12
アリストテレス	『自然学小論集』	BC4世紀	12, 20
テオプラストス	『人さまざま』	BC4世紀	133
アウグスティヌス	『告白録』	4世紀	16
アヴィセンナ（イブン・シナ）	『医学正典』	11世紀	17
アルハーゼン	『視覚論』	11世紀	17
トマス・アクィナス	『神学大全』	13世紀	18
R.デカルト	『方法序説』	1637	21
R.デカルト	『情念論』	1649	21
T.ホッブス	『リヴァイアサン』	1651	22
R.デカルト	『人間論』	1662	21
J.ロック	『人間知性論』	1690	24〜27
I.ニュートン	『光学』	1704	42
G.バークリー	『視覚新論』	1709	28, 29
G.W.ライプニッツ	『単子論』	1714	58
C.ヴォルフ	『経験的心理学』	1732	2, 3
D.ヒューム	『人性論』	1739	30
D.ハートリー	『人間の観察』	1749	32
I.カント	『純粋理性批判』	1781	48
J.W.ゲーテ	『色彩論』	1810	42
T.ブラウン	『人間の心の哲学に関する講義』	1820	34
J.ミル	『人間精神現象の分析』	1829	36
E.H.ウェーバー	『触覚論』	1834	48
J.ミュラー	『人体生理学ハンドブック』	1838	44
J.S.ミル	『論理学体系』	1843	36
A.ベイン	『感覚と知性』	1855	36, 38

著者・編者	題　名	発行年	本文中引用頁
H.スペンサー	『心理学原論』	1855	38
H.L.F.ヘルムホルツ	『生理光学ハンドブック』	1856-66	50, 52, 98
C.ダーウィン	『種の起原』	1859	6, 38, 106, 114
A.ベイン	『情緒と意思』	1859	36
G.T.フェヒナー	『精神物理学原論』	1860	38, 56, 58, 64, 66, 92, 106
W.ヴント	『感覚知覚論』	1862	76
H.L.F.ヘルムホルツ	『聴覚論』	1863	52
W.ヴント	『人間と動物の心についての講義』	1863	78
F.ゴールトン	『遺伝的天才』	1869	134, 265
C.ダーウィン	『人類の起原』	1871	114
C.ダーウィン	『人および動物における表情について』	1872	114
W.ヴント	『生理学的心理学綱要』	1873-4	78, 96
F.ブレンターノ	『経験的立場からの心理学』	1874	96
J.ヘブン, 西周（訳）	『心理学』	1875	3, 252
A.ベイン	『マインド』創刊	1876	38
W.ヴント	『哲学研究』創刊	1881	78
C.J.ロマーネス	『動物の知能』	1882	116
G.S.ホール	『子供の心の内容』	1883	104
F.ゴールトン	『人間能力の研究』	1883	136
K.シュトゥンプ	『音響心理学』	1883-90	98
H.エビングハウス	『記憶について』	1885	92
E.マッハ	『感覚の分析への貢献』	1886	174
G.S.ホール	『アメリカ心理学雑誌』創刊	1887	104
G.S.ホール・元良勇次郎	「圧の漸次的変化に対する皮膚の感受性」	1887	252
H.エビングハウス他	『心理学・感覚生理学雑誌』創刊	1890	100
W.ジェームズ	『心理学原理』	1890	102

著者・編者	題名	発行年	本文中引用頁
C.フォン・エーレンフェルス	「形態質について」	1890	174
W.ジェームズ	『心理学要論』	1892	102
P.ジャネ	『ヒステリーの精神状態』	1892	159
C.L.モーガン	『比較心理学入門』	1894	116
J.ブロイアー・S.フロイト	『ヒステリー研究』	1895	154
W.ヴント	『心理学概論』	1896	78, 80
E.L.ソーンダイク	『動物の知能：動物の連合過程の実験的研究』	1898	202
S.フロイト	『夢判断』	1900	156, 164
W.ヴント	『民族心理学』	1900-20	80
E.B.ティチェナー	『実験心理学 全4巻』	1901-05	106
S.フロイト	『日常生活の精神病理』	1901	156
S.フロイト	『青年期』	1904	104
W.ヴント	『心理学研究』（ドイツ）創刊（『哲学研究』の改称）	1905	78
元良勇次郎	「東洋思想における自我の観念」	1905	254
W.マクドゥーガル	『社会心理学入門』	1908	248
E.A.ロス	『社会心理学』	1908	248
S.フロイト	『精神分析学の起源と発展』	1910	156
東京帝国大学心理学教室	『実験心理写真帖』	1910	254
S.フロイト	『トーテムとタブー』	1912	156
M.ウェルトハイマー	「運動視の実験的研究」	1912	177
大槻快尊	「もの忘れの心理」	1912	264
木村久一	「精神分析法の話」	1912	264
K.コフカ	「ゲシュタルト心理学への寄与」	1913	181
J.B.ワトソン	「行動主義者の見た心理学」	1913	204, 206
J.B.ワトソン	『行動：比較心理学入門』	1914	204, 215
松本亦太郎	『精神的動作』	1914	256

著者・編者	題　　名	発　行　年	本文中引用頁
松本亦太郎	『実験心理学十講』	1914	256
原口鶴子	『心的作業及び疲労の研究』	1914	265
S.J.ホルムズ（増田惟茂（訳））	『動物心理学』	1914	272
原口鶴子	『楽しき思い出』	1915	265
元良勇次郎	『心理学概論』	1915	254
J.B.ワトソン	「心理学における条件反射の位置」	1916	204
S.フロイト	『精神分析入門』	1917	158, 268
W.ケーラー	『類人猿の知恵試験』	1917	193
久保良英	『精神分析法』	1917	264
J.B.ワトソン	『行動主義者の立場からの心理学』	1919	206
W.ケーラー	『静止および定常状態における物理的ゲシュタルト』	1920	198
S.フロイト	『快楽原則の彼岸』	1920	158
W.メーデ	『実験集団心理学』	1920	248
H.C.ワレン	『連合心理学史』	1921	20
W.ヴント	『体験と認識』	1921	80
E.クレッチマー	『体格と性格』	1921	144
M.ウェルトハイマー	「ゲシュタルト学説の研究Ⅰ」	1922	182
M.ウェルトハイマー	「ゲシュタルト学説の研究Ⅱ」	1923	180
J.B.ワトソン	『行動主義』	1924	206, 210, 214
F.H.オルポート	『社会心理学』	1924	248
松本亦太郎	『智能心理学』	1925	256
日本心理学会	『心理学研究』創刊	1926	258
K.フォン・フリッシュ	『ミツバチの生活から』	1927	124
I.P.パヴロフ（英訳）	『条件反射学』	1927	220
大槻憲二他（訳）	『フロイド精神分析学全集』	1929-40	266
丸井清泰他（訳）	『フロイド精神分析大系』	1930-33	266

著者・編者	題名	発行年	本文中引用頁
E.C.トールマン	『動物と人間における目的的行動』	1932	214
F.C.バートレット	『想起:実験心理学的社会心理学的研究』	1932	236
S.フロイト	『続精神分析入門』	1933	158
東京精神分析研究所	『精神分析』創刊	1933	264
C.マーチソン	『社会心理学ハンドブック』	1935	248
J.ピアジェ	『知能の誕生』	1936	111
G.W.オルポート	『パーソナリティ——その心理学的解釈』	1937	148
B.F.スキナー	『有機体の行動』	1938	222
S.フロイト	『精神分析学概説』	1940	158
W.ケーラー	『心理学の力学説』	1940	199
H.C.ハル他	『機械的暗記学習の数学的・演繹的理論』	1940	218
E.C.トールマン	『戦争への動因』	1942	214
J.B.ワトソン（那須 聖（訳））	『人間はいかに行動するか』	1942	274
H.C.ハル	『行動の原理』	1943	218
M.ウェルトハイマー	『生産的思考』	1945	232
B.F.スキナー	『ウォールデン・トゥー』	1948	224
K.ローレンツ	『ソロモンの指環』	1949	126
N.ティンベルヘン	『本能の研究』	1951	126
E.C.トールマン	『心理学論文集』	1951	214
H.C.ハル	『行動の本質』	1951	218
H.C.ハル	『行動の体系』	1952	218
B.F.スキナー	『科学と人間行動』	1953	222
G.A.ミラー	「マジカルナンバー7±2」	1956	238
B.F.スキナー	『言語行動』	1957	222
C.B.フェルスター・B.F.スキナー	『強化スケジュール』	1957	222
D.E.ブロードベント	『知覚とコミュニケーション』	1958	236
G.W.オルポート	『パーソナリティの型と成長』	1961	150

著者・編者	題　名	発 行 年	本文中引用頁
J.G.ホランド・B.F.スキナー	『行動の分析』	1961	222
U.ナイサー	『認知心理学』	1967	230
B.F.スキナー	『教育の技術』	1968	224
B.F.スキナー	『強化随伴性』	1969	224
B.F.スキナー	『自由と尊厳の彼岸』	1971	224
B.F.スキナー	『行動主義について』	1974	224

引用文献

第1章

アリストテレス　桑子敏雄（訳）（1999）．心とは何か　講談社学術文庫1363　講談社

アリストテレス　副島民雄（訳）（1943）．アリストテレス全集9巻　心理学2（小論集）　河出書房

ヒポクラテス　小川政恭（訳）（1974）．人間の自然性について　古い医学について他8篇　岩波文庫33-901-1　岩波書店　pp.99-114.

今田　恵（1962）．心理学史　岩波書店

Leahey, T. H.（1980）．*A history of psychology : Main currents in psychological thought*. Prentice-Hall.
　（リーヒー, T. H.　宇津木　保（訳）（1986）．心理学史——心理学的思想の主な潮流——　誠信書房）

苧阪直行（2000）．実験心理学の誕生と展開　京都大学学術出版会

プラトン　田中美知太郎（訳）（1966）．テアイテトス　岩波文庫33-601-4　岩波書店

プラトン　種山恭子（訳）（1975）．プラトン全集12　ティマイオス　岩波書店

プラトン　藤沢令夫（訳）（1979）．国家（上・下）　岩波文庫33-601-7, 8　岩波書店

プラトン　藤沢令夫（訳）（1998）．パイドン　岩波文庫33-602-2　岩波書店

佐藤達哉・溝口　元（編著）（1997）．通史日本の心理学　北大路書房

詫摩武俊（2003）．性格の定義・性格の研究史　詫摩武俊・瀧本孝雄・鈴木乙史・松井　豊　性格心理学への招待［改訂版］——自分を知り他者を理解するために——　サイエンス社

梅本堯夫（1994）．心理学の起源　梅本堯夫・大山　正（編著）心理学史への招待——現代心理学の背景——　サイエンス社　pp.1-16.

山本光雄（1972）．初期ギリシア哲学者断片集　岩波書店

第2章

Bain, A.（1855）．*The senses and the intellect*. Parker and Son.

Berkeley, G.（1709）．*An essay towards a new theory of vision*.
　（バークリ, G.（1709）．下條信輔・植村恒一郎・一之瀬正樹（訳）（1990）．

視覚新論　勁草書房）
Boakes, R.（1984）. *From Darwin to behaviorism : Psychology and the minds of animals.* Cambridge University Press.
　　（ボークス, R.　宇津木　保・宇津木成介（訳）（1990）．動物心理学史——ダーウィンから行動主義まで——　誠信書房）
デカルト, R.（1637, 1649）．野田又夫（訳）（1974）．方法序説・情念論　中公文庫D10　中央公論社
デカルト, R.（1662）．伊東俊太郎・塩川徹也（訳）（1973）．デカルト著作集　第4巻　人間論　白水社
ヒューム, D.（1739-40）．土岐邦夫（訳）（1968）．世界の名著66　人性論　中央公論社
今田　恵（1962）．心理学史　岩波書店
ロック, J.　大槻春彦（訳）（1972, 1976）．人間知性論（一）（三）　岩波文庫7726-7728a, 34-007-3　岩波書店
大山　正（1974）．生得説と経験説　大山　正（編）心理学の基礎　大日本図書　pp.98-184.
パヴロフ, I. P.（1937）．林　髞（訳）（1952）．条件反射学——人脳両半球の働きについての講義——　創元社
プラトン　藤沢令夫（訳）（1998）．パイドン　岩波文庫33-602-2　岩波書店
鳥居修晃（1990）．解説Ⅲ　先天盲における開眼手術後の視覚とバークリ　バークリ, G.（1709）．下條信輔・植村恒一郎・一之瀬正樹（訳）（1990）．視覚新論　勁草書房　pp.277-329.
鳥居修晃・望月登志子（1992）．視知覚の形成1　培風館
鳥居修晃・望月登志子（1997）．視知覚の形成2　培風館
梅本堯夫（1994）．近世哲学と心理学　梅本堯夫・大山　正（編著）心理学史への招待——現代心理学の背景——　サイエンス社　pp.17-40.
Warren, H. C.（1921）. *A history of the association psychology.* C. Scribner's Sons.
　　（ワレン, H. C.　矢田部達郎（訳）（1951）．心理学史　創元社）

第3章

Boring, E. G.（1942）. *Sensation and perception in the history of experimental psychology.* Appleton-Century.
Boring, E. G.（1950）. *A history of experimental psychology.* Appleton-Century.
Goethe, W.（1810）. *Zur Fabenlehre.*
　　（ゲーテ, W.　高橋義人・前田富士男（訳）（1999）．色彩論　第1巻　工

作舎）
Gregory, R. L. (1998). *Eye and brain : The psychology of seeing*. 5th ed. Oxford University Press.
（グレゴリー, R. L.　近藤倫明・中溝幸夫・三浦佳世（訳）(2001). 脳と視覚――グレゴリーの視覚心理学――　ブレーン出版）
Helmholtz, H. von (1909). *Handbuch der physiologischen Optik. 3.* Auflage Leopold Voss. (Translated by J. P. C. Southhall (1962). *Helmholtz's treatese on physiologiche optics*. Dover.)
Herrnstein, R. J., & Boring, E. G. (1965). *A sourcebook in the history of psychology*. Harvard University Press.
カント, I.　篠田英雄（訳）(1961).　純粋理性批判（上）　岩波文庫6397-6400　岩波書店
Newton, I. (1704). *Opticks*.
（ニュートン, I.　阿部良夫・堀　伸夫（訳）(1940).　光学　岩波文庫2264-2267　岩波書店）

第4章

Atkinson, J., Braddick, O., & Moar, K. (1977). Development of contrast sensitivity over the first 3 months of life in the human infant vision. *Vision Research*, **17**, 1037-1044.
Blough, D. S. (1956). Dark adaptation in the pigeon. *Journal of Comparative and Physiological Psychology*, **49**, 425-430.
Blough, D. S. (1958). A method for obtaining psychophysical thresholds from the pigeon. *Journal of Experimental Analysis of Behavior*, **1**, 31-43.
Boring, E. G. (1950). *A history of psychology*. 2nd ed. Appleton-Century.
Fechner, T. G. (1860). *Elements der Psychophysik*. I, II. Breitekopf und Hartel. (Reprinted by Thoemmes Press and Marzen in 1998.)
Fechner, T. G. (1966). *Elements of psychophysics*. (translated by H. A. Adler) Holt, Reinstein & Winston.
Graham, C. H. (1934). Psychophysics and behavior. *Journal of General Psychology*, **10**, 299-310.
Graham, C. H. (1950). Behavior, perception and the psychophysical methods. *Psychological Review*, **57**, 198-120.
Herrnstein, R. J., & Boring, E.G. (1965). *A sourcebook in the history of psychology*. Harvard University Press.
岩淵　輝 (2009).　フェヒナーの法則の着想に関する精神物理学史的考察

――着想日1850年10月22日を巡って――　心理学史・心理学論, **10/11**, 29-40.

ライブニツ, G. W.　河野与一（訳）（1970）．単子論　岩波文庫4331-4　岩波書店

大山　正（1969）．精神物理学的測定法　和田陽平・大山　正・今井省吾（共編）感覚・知覚心理学ハンドブック　誠信書房　pp.32-55.

大山　正（2005）．精神物理学的測定法　大山　正・岩脇三良・宮埜壽夫　心理学研究法――データ収集・分析から論文作成まで――　サイエンス社　pp.125-138.

大山　正・実森正子（1983）．動物の"精神物理学"　佐藤方哉（編）現代基礎心理学6　学習Ⅱ　その展開　東京大学出版会　pp.13-41.

Stevens, S. S.（1961）. To honor Fechner and repeal his law. *Science*, **133**, 80-86.

Stevens, S. S.（1962）. Surprising simplicity of sensory metrics. *American Psychologist*, **17**, 29-39.

第5章

Boring, E. G.（1950）. *A history of experimental psychology.* 2nd ed. Prentice-Hall.

Donderes, F. C.（Translated by W. G. Koster）（1969）. On the speed of mental processes. *Acta Psychologica*, **30**, 412-431.

今田　恵（1962）．心理学史　岩波書店

Popplestone, J. A., & McPherson, M. W.（1994）. *An illustrated history of American psychology.* 2nd ed. University of Akron Press.
　　（ポップルストーン, J. A.・マクファーソン, M. W.　大山　正（監訳）（2001）．写真で読むアメリカ心理学の歩み　新曜社）

須藤新吉（1915）．ヴントの心理学　内田老鶴圃

末永俊郎（編）（1971）．講座心理学第1巻　歴史と動向　東京大学出版会　pp.53-86.

高橋澪子（1994）．実験心理学の独立――ヴント――　梅本堯夫・大山　正（編著）心理学史への招待――現代心理学の背景――　サイエンス社　pp.90-116.

Wundt, W.（1910）. Das Institut für experimentelle Psychologie zu Leipzig. *Psychologische Studien*, **5**, 279-292.

Wundt, W.（1921）. *Erlebtes und Erkentes.*
　　（ヴント, W.　川村宣元・石田幸平（訳）（2002）．体験と認識　東北大学出版会）

第6章

Boring, E. G.（1942）. *Sensation and perception in the history of experimental psychology*. Appleton-Century-Crofts.

Boring, E. G.（1950）. *A history of experimental psychology*. Appleton-Century-Crofts.

Ebbinghaus, H.（1885）. *Über das Gedächtnis*.
（エビングハウス, H.　宇津木　保・望月　衛（訳）（1978）．記憶について　誠信書房）

後藤倬男・田中平八（編）（2005）．錯視の科学ハンドブック　東京大学出版会

今田　恵（1962）．心理学史　岩波書店

三宅和夫（2005）．ホールとゲゼル――成熟優位説に立つ発達研究――　末永俊郎（監修）河合隼雄・木下冨雄・中島　誠（編）心理学群像2　アカデミア出版会　pp.425-444.

中島　誠（2005）．ピアジェ――発達年齢の特徴を理論化し体系化し発達段階の基礎を築く――　末永俊郎（監修）河合隼雄・木下冨雄・中島　誠（編）心理学群像2　アカデミア出版会　pp.337-348.

Roback, A. A.（1952）. *History of American psychology*. Library Publishers.
（ローバック, A. A.　堀川直義・南　博（訳）（1967）．アメリカ心理学史　法政大学出版局）

梅本堯夫（2000）．エビングハウス，バートレット――記憶研究における二人の先覚者――　末永俊郎（監修）鹿取廣人・鳥居修晃（編）心理学の群像1　アカデミア出版会　pp.89-106.

矢野喜夫・落合正行（1991）．発達心理学への招待――人間発達の全体像をさぐる――　サイエンス社

第7章

東　洋・大山　正（1969）．心理学入門講座　新版3　学習と思考　大日本図書

Boakes, R.（1984）. *From Darwin to behaviorism : Psychology and the minds of animals*. Cambridge University Press.
（ボークス, R.　宇津木　保・宇津木成介（訳）（1990）．動物心理学史――ダーウィンから行動主義まで――　誠信書房）

Darwin, C.（1859）. *On the origin of species*.
（ダーウィン, C.　八杉龍一（訳）（1990）．種の起原（上・下）　岩波文庫33-912-4, 5　岩波書店）

Darwin, C.(1871). *The descent of man*.
　　(ダーウィン, C.　池田次郎・伊谷純一郎(訳)(1967).　世界の名著39　ダーウィン　人類の起原　中央公論社　pp.63-560.)
Darwin, C.(1872). *On the expressions in man and animals*.
　　(ダーウィン, C.　浜中浜太郎(訳)(1931, 1991).　人及び動物の表情について　岩波文庫33-912-7　岩波書店)
Frisch, von, K.(1950). *Bees : Their vision, chemical senses and language*. Cornell University Press.
　　(フォン・フリッシュ, K.　内田亨(訳)(1953).　蜜蜂の不思議――その言葉と感覚――　法政大学出版会)
Frisch, von, K.(1969). *Aus dem Leben der Bienen*. 8th Ed. Springer-Verlag.
　　(フォン・フリッシュ, K.　桑原万寿太郎(訳)(1975).　ミツバチの生活から　岩波書店)
藤田和生(1998).　比較認知科学への招待――「こころ」の進化学――　ナカニシヤ出版
Herrnstein, R. J., & Boring, E. G.(1965). *A sourcebook in the history of psychology*. Harvard University Press.
Hess, E. H.(1958). "Imprinting" in animals. *Scientific American*, **198**(3), 81-90.
Heyes, N.(1993). *Principles of comparative psychology*. Lawrence Erlbaum Associates.
　　(ヘイズ, N.　岩本隆茂(監訳)(2000).　比較心理学を知る　ブレーン出版)
Hunter, W. S.(1913). The delayed reaction in animals and children. *Behavior Monograph*, **2**, 1-86.
今田恵(1954).　心理学　岩波書店
今西錦司(1967).　世界の名著39　ダーウィン　ダーウィンと進化論　中央公論社　pp.5-62.
鹿取廣人(2005).　ハンター　末永俊郎(監修)　心理学群像1　アカデミア出版会　pp.383-403.
Köhler, W.(1917). *Intelligenzprüfungen an Menschenaffen*. Springer.
　　(ケーラー, W.　宮孝一(訳)(1935).　類人猿の智恵試験　岩波書店)
Lorenz, K. Z.(1983). *Er redete mit dem Vieh, den Vogeln und Fischen*. Deutscher Taschenbuch.
　　(ローレンツ, K. Z.　日高敏隆(訳)(1963).　ソロモンの指環　早川書房)
松沢哲郎(1991).　チンパンジーから見た世界　東京大学出版会

Pfungst, O.（1967）.（Translated by C. L. Rahn）*Clever Hans : The horse of Mr. von Osten*. Henry Holt.

Small, W. S.（1899）. An experimental study of the mental processes of the rat. *American Journal of Psychology*, **11**, 133-165.

Stone, C. P.（1951）. *Comparative psychology*. 3rd ed. Prentice-Hall.

Tinbergen, N.（1951）. *The study of instinct*. Clarendon Press.
（ティンベルヘン, N. 永野為武（訳）（1957）. 本能の研究　三共出版）

Yerkes, R., & Dodson, J. D.（1908）. The relation of strength of stimulus to rapidity of habit formation. *Journal of Comparative Neurology*, **18**, 459-482.

Warden, C. J.（1931）. *Animal motivation : Experimental studies on the albino rat*. Columbia University Press.

Woodworth, R. S., & Schlosberg, H.（1955）. *Experimental psychology*. Revised Ed. Holt, Rinehart, Winestone.

第8章

Allport, G. W.（1961）. *Pattern and growth of personality*.
（オルポート, G. W.　今田　恵（監訳）（1968）.　人格心理学　誠信書房）

Boring, E. G.（1950）. *A history of experimental psychology*. Appleton-Century-Crofts.

Boring, E. G., Langfeld, H. S., & Weld, H. P.（1948）. *Foundations of psychology*. Wiley.

Eysenck, H. J.（1951）. The organization of personality. *Journal of Personality*, **20**, 101-117.

Galton, F.（1892）. *Hereditary genius*. Revised edition.
（ゴールトン, F.　甘粕石介（訳）（1935）. 天才と遺伝（上・下）　岩波文庫 1145-47, 1148-49　岩波書店）

Hilgard, E. R.（1987）. *Psychology in America : A historical survey*. Harcourt Brace.

星野　命他（1982）. オルポート　パーソナリティの心理学　有斐閣新書 D53　有斐閣

今田　恵（1962）. 心理学史　岩波書店

Kretschmer, E.（1950）. *Medizinische Psychologie*. 10. Aufl. Thieme.
（クレッチマー, E.　西方四方・高橋義夫（訳）（1955）. 医学的心理学Ⅰ, Ⅱ　みすず書房）

Kretschmer, E.（1955）. *Körperbau und Character* 21/22. Auflage Springer.
（クレッチメル, E.　相場　均（訳）（1961）. 体格と性格　文光社）

倉石精一（1957）．体質　梅津八三・相良守次・宮城音弥・依田　新（編）心理学事典　平凡社　pp.448-451.

永野重史（1967）．オールポート　詫摩武俊（編著）性格の理論　誠信書房　pp.131-153.

岡本栄一（1967）．アイゼンク　詫摩武俊（編著）性格の理論　誠信書房　pp.154-176.

岡本春一（1987）．フランシス・ゴールトンの研究　ナカニシヤ出版

Popplestone, J. A., & McPherson, M. W.（1994）．*An illustrated history of American psychology.* 2nd ed. University of Akron Press.
（ポップルストーン, J. A.・マクファーソン, M. W.　大山　正（監訳）（2001）．写真で読むアメリカ心理学の歩み　新曜社）

Sheldon, W. H., & Stevens, S. S.（1942）．*Varieties of human temperament.* Harper.

滝沢武久（1971）．知能指数　中公新書266　中央公論社

詫摩武俊（1968）．類型論　八木　冕（編）心理学Ⅱ　培風館　pp.159-164.

詫摩武俊（2005）．クレッチマー，シェルドン――身体的特徴に基づく性格の類型論――　末永俊郎（監修）心理学の群像2　アカデミア出版会　pp.75-94.

詫摩武俊・瀧本孝雄・鈴木乙史・松井　豊（2003）．性格心理学への招待［改訂版］――自分を知り他者を理解するために――　サイエンス社

丹野義彦（2003）．性格の心理――ビッグファイブと臨床からみたパーソナリティ――　サイエンス社

Terman, L. M., & Merril, M. A.（1937）．*The revised Stanford-Binet tests of intelligence.* Houghton Mifflin.

テオプラストス　森　進一（訳）（1982）．人さまざま　岩波文庫　33-609-1　岩波書店

Thomson, R.（1968）．*The perican history of psychology.* Penguin Books.
（トムソン, R.（1969）．北村清朗（監訳）心理学の歴史　北望社）

宇津木　保（2005）．ビネ――知能検査の開拓者――　末永俊郎（監修）心理学の群像2　アカデミア出版会　pp.359-378.

若林明雄（2009）．パーソナリティとは何か――その概念と理論――　培風館

Wolf, H.（1973）．*Alfred Binet.* University of Chicago.
（ウルフ, T. H.　宇津木　保（訳）（1979）．ビネの生涯――知能検査の始まり――　誠信書房）

矢野喜夫（1994）．個人差と個性の研究　梅本堯夫・大山　正（編著）心理

学史への招待――現代心理学の背景―― サイエンス社 pp.161-182.

第9章

馬場禮子（1994）．精神分析学と臨床心理学　梅本堯夫・大山　正（編著）心理学史への招待――現代心理学の背景―― サイエンス社 pp.183-202.

馬場禮子（2005）．フロイト――精神分析の創始者――　末永俊郎（監修）河合隼雄・木下冨雄・中島　誠（編）心理学群像2　アカデミア出版会 pp.35-56.

Brown, J. A. C.（1961）.*Freud and the post-Freudians*.Penguin Books.
　（ブラウン, J. A. C.　宇津木　保・大羽　蓁（訳）（1963）．フロイトの系譜　誠信書房）

Ellenberger, H. F.（1970）.*The discovery of unconsciousness : The history and evolution of the dynamic psychiatry*. Basic Books.
　（エレンベルガー, H.　木村　敏・山中久夫（監訳）（1980）．無意識の発見――力動精神医学発達史――（上・下）　弘文社）

フロイト, S.　懸田克躬・高橋義孝（訳）（1971）．続フロイト著作集　第1巻　精神分析入門　人文書院

福島　章（1990）．精神分析学　大山　正・岡本夏木・金城辰夫・高橋澪子・福島　章　心理学の歩み（新版）　有斐閣新書C-17　有斐閣 pp.111-146.

今田　恵（1962）．心理学史　岩波書店

Jones, E.（1961）.*The life and work of Sigmund Freud*.
　（ジョーンズ, E.　竹友安彦・藤井治彦（訳）（1969）．フロイトの生涯　紀伊國屋書店）

懸田克躬（1966）．フロイトの生涯と学説の発展, 翻訳　精神分析学入門　世界の名著49　フロイト　中央公論社

河合隼雄（1976）．ユング『現代人のたましい』南　博（編）心理学の名著12選　学陽書房 pp.95-112.

河合隼雄（2009）．ユング心理学入門　岩波現代新書　学術220　岩波書店

西園昌久（1981）．精神分析　梅津八三他（監修）新版　心理学事典　平凡社

野田俊作（2005）．アドラー――個人と共同体の心理学――　末永俊郎（監修）河合隼雄・木下冨雄・中島　誠（編）心理学群像2　アカデミア出版会 pp.57-74.

小此木啓吾・馬場謙一（編）（1977）．フロイト精神分析入門　有斐閣新書

D3　有斐閣

山中康裕（2005）．シャルコー・ジャネ――無意識の先駆者――　末永俊郎（監修）河合隼雄・木下冨雄・中島　誠（編）心理学群像2　アカデミア出版会　pp.9-34.

第10章

Gottschaldt, K.（1926）. Über den Einfluss der Erfahrung auf die Wahrnehmung von Figuren, I. *Psychologische Forschung*, **8**, 261-317.

Kofka, K.（1913）. Beiträge zur Psychologie der Gestalt. *Zeitshrift für Psychologie*, **67**, 358-449.

Köhler, W.（1917）. *Intelligenzprüfungen an Menschenaffen*. Springer.
　（ケーラー, W.　宮　孝一（訳）（1935）．類人猿の智恵試験　岩波書店）

Köhler, W.（1920）. *Die physischen Gestalten in Ruhe und im stationären Zustand*. Phiolosophiscen Akademie.

Köhler, W.（1940）. *Dynamics in psychology*. Liveright.
　（ケーラー, W.　相良守次（訳）（1951）．心理学の力学説　岩波書店）

Rubin, E.（1921）. *Visuelle wahregennomene Figuren*. Gyldendals.

Wertheimer, M.（1912）. Experimentelle Studien über das Sehen von Bewegung. *Zeitshrift für Psychologie*, **61**, 161-265.

Wertheimer, M.（1923）. Untersuchungen zur Lehre von der Gestalt Ⅱ. *Psychologische Forschung*, **4**, 301-350.

第11章

Boakes, R.（1984）. *From Darwin to behaviorism : Psychology and the minds of animals*. Cambridge University Press.
　（ボークス, R.　宇津木　保・宇津木成介（訳）（1990）．動物心理学史――ダーウィンから行動主義まで――　誠信書房）

平野俊二（2005）．ワトソン――行動主義の創始者――　末永俊郎（監修）鹿取廣人・鳥居修晃（編）心理学の群像1　アカデミア出版会　pp.363-381.

大山　正（1966）．学習研究の方法――動物を用いた場合――　梅岡義貴・大山　正（編著）学習心理学　誠信書房　pp.9-54.

Podkopaew, N. A.（1926）. *Die Methodik der Erforshung der bedingten Reflexe*. Bergmann.

Thorndike, E. L.（1911）. *Animal intelligence : Experimental studies.* Macmillan.
　（Reprinted by Hafner, 1965）

Watson, J. B.（1913）. Psychology as the behaviorist views it. *Psychological Re-*

view, **20**, 158-177.
Watson, J. B. (1914). *Behavior, An introduction to comparative psychology*. Henry Holt.
Watson, J. B. (1916). The place of the conditioned reflex in psychology. *Psychological Review*, **23**, 89-116.
Watson, J. B. (1919). *Psychology from the standpoint of a behaviorist*. Lippincott.
Watson, J. B. (1920). Is thinking merely the action of language mechanism. *British Journal of Psychology*, **11**, 87-104.
Watson, J. B. (1930). *Behaviorism*. Revised Ed. University of Chicago Press.
Yerkes, R. M., & Watson, J. B. (1911). Methods of studying vision in animals. *Behavior Monographs*, **1**, No. 2. 1-90.

第12章

Evans, R. I. (1968). *B. F. Skinner : The man and his ideas*. Dutton.
（エヴァンス, R. I. 宇津木　保（訳）(1973). B. F. スキナー　誠信書房）
Ferster, C. B., & Skinner, B. F. (1957). *Schedules of reinforcement*. Appleton-Century-Crofts.
Hilgard, E. R. (1956). *Theories of learning*. 2nd ed. Appleton-Century-Crofts.
Hilgard, E. R. (1987). *Psychology in America : A historical survey*. Harcourt Brace.
Hull, C. L. (1943). *Principles of behavior*. Appleton-Century-Crofts.
（ハル, C. L.　能見義博・岡本栄一（訳）(1966). 行動の原理　誠信書房）
Hull, C. L. (1951). *Essentials of behavior*. Yale University Press.
（ハル, C. L.　河合伊六（訳）(1959). 行動の本質——行動論体系要説——　理想社）
Hull. C. L. (1952). *A behavior system*. Yale University Press.
（ハル, C. L.　能見義博・岡本栄一（訳）(1971). 行動の体系　誠信書房）
Hull, C. L., et al. (1940). *Mathematico-deductive theory of rote learning*. Yale University Press.
大山　正 (1966). 学習の定量的モデル　梅岡義貴・大山　正（編）学習心理学　誠信書房　pp.183-210.
篠原彰一 (2005). ハル, スペンス——厳密科学としての行動理論確立の試み——　末永俊郎（監修）心理学群像1　アカデミア出版会　pp.405-424.
Skinner, B. F. (1938). *The behavior of organism : An experimental analysis*. Appleton-Century-Crofts.
Skinner, B. F. (1948). *The walden two*. Mcmillan.

(スキナー, B. F.　宇津木　保・うつぎ　ただし（訳）（1969）．心理学的ユートピア　誠信書房）

Skinner, B. F.（1953）. *Science and human behavior*. Mcmillan.

(スキナー, B. F.　河合伊六他（訳）（2003）．科学と人間行動　二瓶社）

Skinner, B. F.（1957）. *Verbal behavior*. Appleton-Century-Crofts.

Tolman, E. C.（1932）. *Purposive behavior in animals and men*. Appleton-Century-Crofts.

(トールマン, E. C.　富田達孝（訳）（1977）．新行動主義の心理学　清水弘文社）

Tolman, E. C.（1951）. *Collected paper in psychology*. University of California Press.

Tolman, E. C., & Honzik, C. H.（1930）. Introduction and removal of reward, and maze performance in rat. *University of California Publication in Psychology*, **4**, 257-275.

第13章

Atkinson, R. C., & Shiffrin, R. M.（1968）. Human memory : A proposed system and its control processes. In K. W. Spence, & J. T. Spence（Eds.）, *The psychology of learning and motivation : Advances research and theory*. Vol. 2. Academic Press.

Bartlett, F. C.（1932）. *Remembering : A study in experimental and social psychology*. Cambridge University Press.

(バートレット, F. C.　宇津木　保・辻　正三（訳）（1983）．想起の心理学　誠信書房）

Broadbent, D. E.（1958）. *Perception and communication*. Pergamon Press.

Bruner, J. S.（1951）. Personality dynamics and the process of perceiving. In R. R. Blake, & G. V. Ramsey（Eds.）, *Perception : An approach to personality*. Ronald Press. pp.121-147.

Bruner, J., & Goodman, C. C.（1947）. Value and need as organizing factors in perception. *Journal of Abnormal and Social Psychology*, **42**, 33-44.

Bruner, J. S., & Minturn, A. L.（1955）. Perceptual identification and perceptual organization. *Journal of General Psychology*, **53**, 21-28.

Cherry, E. C.（1953）. Some experiments on the recognition of speech with one and with two ears. *Journal of the Acoustic Society of America*, **25**, 975-979.

御領　謙・菊地　正・江草浩幸（1993）．最新認知心理学への招待——心の働きとしくみを探る——　サイエンス社

廣田君美（1994）．社会心理学　梅本堯夫・大山　正（編著）心理学史への招待——現代心理学の背景——　サイエンス社　pp.269-294.

James, W.（1890）. *Principles of psychology*. Holt.

Klahr, D.（1973）. Quantification processes. In W. G. Chase（Ed.）, *Visual information processing*. Academic Press. pp.3-34.

Lewin, K.（1936）. *Principles of topological psychology*. McGraw-Hill.

Lindsay, P. H., & Norman, D. A.（1977）. *Human information processing : An introduction to psychology*. 2nd ed. Academic Press.

Miller, G. A.（1956）. The magical number seven, plus or minus two : Some limits on our capacity for processing information. *Psychological Review*, **63**, 81-97.

森　敏昭・井上　毅・松井孝雄（1995）．グラフィック認知心理学　サイエンス社

Neisser, U.（1967）. *Cognitive psychology*. Prentice-Hall.

Neisser, U.（1976）. *Cognition and reality : Principles and implications of cognitive psychology*. W. H. Freeman.

Shepard, R. N., & Metzler, J.（1971）．Mental rotation of three-dimensional objects. *Science*, **171**, 701-703.

Sperling, G.（1960）. The information available in brief visual presentations. *Psychological Monographs*, **74**, No. 11.

末永俊郎（1981）．社会心理学　梅津八三・相良守次・宮城音弥・依田　新（監修）新版心理学事典　平凡社　pp.341-345.

Treisman, A. M.（1969）. Strategies and models of selective attention. *Psychological Review*, **76**, 282-299.

Wertheimer, M.（1945）. *Productive thinking*. Harper & Brothers.
　（ウェルトハイマー, M.　矢田部達郎（訳）（1952）．生産的思考　岩波書店）

第14章

安齊順子（2000）．日本への精神分析の導入と丸井清泰　心理学史・心理学論, **2**, 1-16.

浅見千鶴子・岡野恒也（1980）．比較心理学　ブレーン出版

Hall, G. S., & Motora, Y.（1887）. Dermal sensitiveness to gradual pressure changes. *American Journal of Psychology*, **1**, 72-98.

肥田野　直（1998）．わが国の心理学実験室と実験演習——明治中期から昭和初期まで——　心理学評論, **41**, 307-332.［苧阪直行, 2000に再録］

本間道子（2001）．教育心理学者：原口鶴子の軌跡　心理学史・心理学論, **3**, 1-10.

今田　寛（2001）．わが国心理学界への行動主義の受容　心理学評論, **44**, 433-440.

今田　恵（1923）．思考作用と言語表象との関係　日本心理学雑誌, **1**, 34-95, 129-189.

蠟瀬彦蔵（1911）．米国における最新心理学的問題の二三　哲学雑誌, **26**, 495-507.

片口安史（1984）．改訂　新心理診断法　金子書房

木村久一（1912）．精神分析の話　心理研究, **2**, 166-171.

北村晴朗（2004）．精神分析学のわが国への導入——丸井清泰の功績——　心理学史・心理学論, **6**, 49-52.

古武彌正（1943a）．人間における条件反射研究の実験的研究（序報）心理学研究, **17**, 459-462.

古武彌正（1943b）．条件反射研究の形成, 汎化及び分化　心理学研究, **18**, 77-85.

古武彌正・新浜邦夫（1956）．条件反応　共立出版

黒田源次（1916）．パヴロフの条件反射研究法に就いて　心理研究, **10**, 33-49.

黒田　亮（1936）．動物心理学　三省堂

黒田　亮（1938）．続勘の研究　岩波書店

黒田　亮（1939）．猿ノ音源定位ニ就イテ　京城心理学彙報, **3**, 74-85.

丸井清泰（1931）．精神分析学　教育科学　第三冊　岩波書店　pp.1-38.

丸井清泰（1933）．佐藤幸治氏の「精神分析学の根本特徴の二三並びに丸井清泰教授等の学説の批判」を読みて　心理学研究, **8**, 305-314.

増田惟茂（1908-9）．意志作用の比較心理学的研究　哲学雑誌, **23**, 950-970, 1029-1070, 1139-1176, 1270-1302；**24**, 36-60, 239-262, 352-374, 552-588.

増田惟茂（1915）．魚類の「学習」の実験　心理研究, **7**, 160-171, 336-343, 544-556, 771-778；**8**, 454-461.

増田惟茂（1926）．実験心理学序説　前編　至文堂

松本亦太郎（1914a）．精神的動作　六合館

松本亦太郎（1914b）．実験心理学十講　弘道館

松本亦太郎（1937）．心理学史　改造社

元良勇次郎（1909）．注意練習ノ実験ニ就テ　児童研究, **8**, 273-286.

Motora, Y.（1911）. Ein Experiment zur Einübung von Aufmerkusamkeit.

Zeitschrift für Kinderforschung, **16**, 214-225.

元良勇次郎（1915）．心理学概論　丁未出版社

中村淳子・大川一郎（2003）．田中ビネー式知能検査開発の歴史　立命館大学人間科学研究, **6**, 93-111.

日本心理学会（編）（1933）．心理学論文集（四）　岩波書店

日本心理学会（編）（1980）．日本心理学会五十年史（第一部）　金子書房

日本心理学会（編）（2002）．日本心理学会75年史　日本心理学会

西川泰夫・高砂美樹（編著）（2005）．心理学史　放送教育出版会

岡本栄一（1952）．補強条件の消去過程に及ぼす影響──スキナー箱における補強率及び補強数の条件変化──　心理学研究, **23**, 173-181.

苧阪直行（1999）．『実験心理学写真帖』にみる明治期の心理学実験と古典実験機器　心理学評論, **42**, 368-412.［苧阪, 2000に再録］

苧阪直行（編著）（2000）．実験心理学の誕生と展開　京都大学学術出版会

苧阪良二（1998）．明治から昭和初期にいたる実験心理学の形成過程──元良勇次郎と松本亦太郎を中心として──　心理学評論, **41**, 333-358.［苧阪直行, 2000に再録］

大塚　鐙（1982）．黒田　亮　日本の心理学刊行委員会（編）日本の心理学　日本文化科学社　pp.69-75.

大槻快尊（1912）．もの忘れの心理　心理研究, **1**, 355-394.

大山　正（1998）．わが国における実験心理学の成立に対する元良・松本両教授の偉大な貢献──苧阪・肥田野両論文を読んで──　心理学評論, **41**, 359-364.

大山　正（2001）．わが国における精神物理学の導入──元良勇次郎の「精神物理学」をめぐって──　心理学評論, **44**, 422-432.

大山　正（2004a）．わが国の心理学界における精神分析の受容　理論心理学研究, **6**, 11-13.

大山　正（2004b）．我が国における行動研究の源流　心理学評論, **47**, 501-511.

大山　正（2009）．盛永四郎の生涯と業績　基礎心理学研究, **8**, 109-112.

大山　正（監修）（2013-17）．元良勇次郎著作集（全14巻・別巻2）　クレス出版

Oyama, T., Sato, T., & Suzuki, Y.（2001）. Shaping of scientific psychology in Japan. *International Journal of Psychology*, **36**, 396-406.

佐藤幸治（1933）．精神分析学の根本特徴の二三──並びに丸井清泰教授等の学説の批判──　心理学研究, **8**, 281-304.

佐藤達哉・溝口　元（編著）（1997）．通史日本の心理学　北大路書房

曽根博義（1986）．フロイト受容の地層　遡河, **19**, 54-73；**20**, 50-63.

Stebbins, W. C.（1971）. Hearing. In A. M. Schrier, & F. Stollnitz（Eds.）, *Behavior of nonhuman primates*. Vol.3. Academic Press. pp.159-192.

鈴木朋子（2003）．久保良英によるビネ式知能検査の改訂　心理学史・心理学論, **5**, 1-13.

鈴木朋子・岡村宏美・木下利彦（2009）．三田谷啓によるビネ式知能検査の改訂　心理学史・心理学論, **10/11**, 1-10.

武田　専（1990）．精神分析と仏教　新潮選書　新潮社

東京帝国大学文科大学心理学研究教室（編）（1910）．実験心理写真帖　弘道館［苧阪直行, 1999, 2000に再録］

辻岡美延（1957）．矢田部・Guilford性格検査　心理学評論, **1**, 70-100.

梅岡義貴（1943）．心理学的力の測定（Ⅰ）——実験と考察——　心理学研究, **18**, 412-443.

Warden, C. J., Jenkins, T. N., & Warner, L. H.（1934）. *Introduction to comparative psychology*. Ronald.

　　（ワーデン, C. J.　他　小野嘉明・丘　直通（訳）（1940）．生物心理学各論　三省堂）

Watson, J. B.（1919）. *Psychology from the standpoint of a behaviorist*. Lippincott.

人名索引

ア　行

アイゼンク（Eysenck, H. J.）　150, 151
アヴィセンナ（Avicenna）　17
アウグスティヌス（Augustinus）　9, 15〜17
赤松保羅　258
アッハ（Ach, N.）　96
アトキンソン（Atkinson, J.）　67
アトキンソン（Atkinson, R. C.）　242
アドラー（Adler, A.）　156, 164〜166, 172, 264
アナクシメネス（Anaximenes）　8
新井鶴子→原口鶴子　263, 265
アリストテレス（Aristoteles）　9, 12〜18, 20, 21
アルハーゼン（Alhazen）　17
アンナ・フロイト（Anna Freud）
　→フロイト　158, 163
アンレップ（Anrep, G. V.）　220

イェーンシュ（Jaensch, E. R.）　192
石川日出鶴丸　272
イブン・シナ→アヴィセンナ
　（Ibn Sina）　17
今田　恵　258, 274

ヴィゴツキー（Vygotsky, L. S.）　111
ウェーバー（Weber, E. H.）　48, 49, 58, 60, 62
ウェクスラー（Wechsler, D.）　142
ウェルトハイマー（Wertheimer, M.）
　9, 175〜178, 180, 182, 186, 188, 190, 198, 232, 234, 268
ウェルナー（Werner, H.）　111
ヴォルフ（Wolff, C.）　2, 3
内田勇三郎　262

梅岡義貴　274
ヴント（Wundt, W.）　2, 4, 5, 6, 9, 34, 52, 64, 73, 76〜82, 84〜89, 91, 94, 96, 98, 102, 104, 106, 133, 153, 159, 173, 182, 251, 252, 259

エーレンフェルス（Ehrenfels, C. von）
　174, 182, 184
エビングハウス（Ebbinghaus, H.）　1, 9, 81, 92, 93, 94, 100, 108, 171, 236
エンジェル（Angell, J. R.）　87, 107, 109, 209
エンペドクレス（Empedocles）　8, 10, 15

大槻快尊　264
大槻憲二　264, 268
大伴　茂　262
岡部彌太郎　258
オルポート（Allport, F. H.）　248
オルポート（Allport, G. W.）
　148〜150, 248, 249

カ　行

ガードナー夫妻（Gardner, R. A. & B. T.）　130
蠣瀬彦蔵　157, 264, 267
カスマン（Casmann, O.）　2
カッツ（Katz, D.）　192
カツネルボーゲン
　（Katznellerborgen, E.）　157
ガリレオ・ガリレイ（Galileo Galilei）　22
ガル（Gall, F. J.）　133
ガレノス（Galenos）　9〜11, 15, 133
神田左京　157, 264, 267
カント（Kant, I.）　9, 23, 47, 48

299

菊池栄一　268
北村晴朗　266
城戸幡太郎　258
木村久一　264
木村謹二　268
キャテル（Cattell, J. McK.）　81, 87, 104, 105, 109, 157, 202
キャテル（Cattell, R. B.）　150
キュルペ（Külpe, O.）　87, 96, 97, 177
ギルフォード（Guilford, J. P.）　150

久保良英　258, 260, 262, 264, 268
グレアム（Graham, C. H.）　64
グレゴリー（Gregory, R. L.）　51, 232
クレッチマー（Kretschmer, E.）　144～146
クレペリン（Kraepelin, E.）　87, 262
グローバー（Glover, E.）　264
黒田源次　272
黒田　亮　271, 273
桑田芳蔵　87

ゲーケル（Goekel, R.）　2
ゲーテ（Goethe, J. W. von）　23, 42, 43, 98, 192
ケーニヒ（König, A.）　98, 100
ケーラー（Köhler, W.）　9, 131, 175, 177, 183, 185, 193, 197～199, 232, 270
ゲゼル（Gesell, A.）　110

高良とみ→和田とみ　265, 269
ゴールトン（Galton, F.）　6, 9, 106, 110, 134～136, 138, 152, 265
古沢平作　266
古武彌正　274
ゴットシャルト（Gottschaldt, K.）　190
コッホ（Koch, K.）　171
コフカ（Koffka, K.）　111, 175, 177, 181, 185, 197, 215, 218

サ　行

佐久間　鼎　258, 270
佐武安太郎　272
佐藤幸治　266
サリヴァン（Sullivan, H.）　168
三田谷　啓　260

シーショアー（Seashore, C. E.）　157
ジェームズ（James, W.）　73, 81, 102～104, 108, 109, 157, 202, 232, 264
ジェニングス（Jennings, H. S.）　157
シェパード（Shepard, R. N.）　240
シェルドン（Sheldon, W. H.）　146, 147
シフリン（Shiffrin, R. M.）　242
シモン（Simon, T.）　138
ジャストロー（Jastrow, J.）　157
ジャネ（Janet, P.）　159, 172
シャルコー（Charcot, J. M.）　154, 155, 159, 172
シューマン（Schumann, F.）　175
シュテルバ（Sterba, R.）　266
シュテルン（Stern, W.）　110, 140, 148, 157
シュトゥンプ（Stumpf, C.）　96, 98, 99, 108, 177
シュプランガー（Spranger, E.）　148, 150
ジョーンズ（Jones, E.）　157, 158, 167, 264

スキナー（Skinner, B. F.）　9, 213, 222～227, 275
スクリプチュア（Scripture, E. W.）　87, 256
鈴木治次郎　260
スティーヴンス（Stevens, S. S.）　66, 68～70
ステビンス（Stebbins, W. C.）　273
ストラットン（Stratton, G. M.）　87
スパーリング（Sperling, J.）　246, 247
スピアマン（Spearman, C. E.）　87

スペンサー（Spencer, H.）　37, 38, 252
スペンス（Spence, K. W.）　222
スモール（Small, W.）　118, 202

セルギ（Sergi, G.）　81

ソーンダイク（Thorndike, E. L.）　9, 38, 118, 193, 201～203, 216, 220, 265, 272
ソクラテス（Socrates）　10, 15

タ 行

ダーウィン（Darwin, C.）　6, 9, 38, 106, 113～117, 132～134, 248
ターマン（Terman, L. M.）　110, 140
高木貞二　270
田中寛一　258, 260
タルド（Tarde, J. G.）　248
タレス（Thales）　8, 15

チェリー（Cherry, E. C.）　238, 239
千葉胤成　258
チョムスキー（Chomsky, N.）　238
千輪　浩　270

ティチェナー（Titchener, E. B.）　87, 88, 106, 107, 157, 264
ティンベルヘン（Tinbergen, N.）　126, 128
テオプラストス（Theophrastos）　133
デカルト（Descartes, R.）　9, 10, 20, 21, 23, 39
デューイ（Dewey, J.）　209
デュ・ボァ・レイモン（Du Bois-Reymond, E.）　76

ドールトン（Dalton, J.）　173
トールマン（Tolman, E. C.）　213～220, 227, 234
ドッドソン（Dodson, J. D.）　120
ドナルドソン（Donaldson, H. H.）　209
トマス・アクィナス（Thomas Aquinas）　9, 18
外山正一　252
トレースマン（Treisman, A. M.）　239
ドンデルス（Donders, F. C.）　9, 74, 76

ナ 行

ナーゲル（Nagel, W. A.）　98
ナイサー（Neisser, U.）　230, 236, 245, 247
中島信一　262
那須　聖　274

新関良三　268
西　周　3, 252
ニュートン（Newton, I.）　9, 23, 30, 32, 42, 43

野上俊夫　87

ハ 行

バーガーシュタイン（Burgerstein, L.）　157
バークリー（Berkeley, G.）　9, 23, 28～30, 48
ハートリー（Hartley, D.）　9, 23, 32, 33
バートレット（Bartlett, F. C.）　234, 236, 245
バーンハム（Burnhamm, W. H.）　157
ハイダー（Heider, F.）　249
パヴロフ（Pavlov, I. P.）　9, 21, 201, 202, 204, 207, 210, 220, 224, 272
林　髞　268, 274
原口竹次郎　265
原口（新井）鶴子　263, 265
ハル（Hull, C. L.）　202, 213, 218～223, 227, 249, 275
ハルトマン（Hartmann, E.）　159

ハンター（Hunter, W. S.） 120

ピアジェ（Piaget, J.） 111, 238
ピアソン（Pearson, K.） 138
ヒッポクラテス（Hippocrates） 9〜11, 15
ビネ（Binet, A.） 6, 81, 138〜140
ヒューム（Hume, D.） 9, 23, 30〜32
ピュタゴラス（Pythagoras） 15

フェスティンガー（Festinger, L.） 234, 249
フェデールン（Federn, P.） 266
フェヒナー（Fechner, G. T.） 4, 9, 38, 53〜56, 58〜62, 64, 66, 68, 92, 106, 159
フェルスター（Ferster, C. B.） 222
フェレンツィ（Ferenczi, S.） 167
フォン・クリース（von Kries, J.） 98
フォン・フリッシュ（von Frisch, K.） 124, 128
フランク（Frank, L. K.） 171
ブラウ（Blough, D. S.） 63, 65, 66
ブラウン（Brown, T.） 34, 35
プラトン（Platon） 9, 10, 12〜15, 18, 20, 21
プリマック（Premack, D.） 130
ブリュッケ（Brücke, E.） 154, 160
ブリル（Brill, A. A.） 157, 167
ブルーナー（Bruner, J. S.） 233, 236
ブレイド（Braid, J.） 159
ブレンターノ（Brentano, F.） 94, 96, 97, 108, 154, 174
ブロイアー（Breuer, J.） 154
フロイト（Freud, A.） 158, 163
→アンナ・フロイト
フロイト（Freud, S.） 6, 9, 104, 111, 153〜160, 162〜164, 166〜169, 172, 264, 266, 267
ブロイラー（Bleuler, E.） 166
ブロードベント（Broadbent, D. E.） 236, 238, 239
プロティノス（Plotinos） 16
フロム（Fromm, E.） 168
プフングスト（Pfungst, O.） 129

ヘイズ夫妻（Heyes, K. J. & C.） 130
ヘイマンズ（Heymans, G.） 81
ベイン（Bain, A.） 36〜38, 118, 252
ヘヴン（Haven, J.） 252
ヘーリング（Hering, E.） 50, 98, 192
ヘッケル（Haeckel, H. E.） 110
ベッセル（Bessel, F. W.） 74
ベヒテレフ（Bekhterev, V. M.） 81, 87
ヘラクレイトス（Heracleitos） 8, 15
ベル（Bell, C.） 44
ベルヌーイ（Bernoulli, D.） 60
ベルネーム（Bernheim, H. M.） 154, 159
ヘルバルト（Herbart, J. F.） 58, 159
ヘルムホルツ（Helmholtz, H. L. F. von） 9, 41, 44, 46, 50〜52, 74, 76, 82, 98, 102, 154, 159, 230, 232

ホヴランド（Hovland, C. I.） 218, 249
ボース（Baos, F.） 157
ホーナイ（Horney, K.） 168
ボーニス（Beaunis, H.） 81
ボーベルターク（Borbertag, O.） 260
ホール（Hall, G. S.） 81, 87, 104, 105, 109, 110, 156, 157, 167, 252, 260, 262, 264
ホッブス（Hobbes, T.） 9, 20, 22, 23
ホランド（Holland, J. G.） 224
ホルムズ（Holmes, S. J.） 272
ホンジック（Honzik, C. H.） 217

マ　行

マーチソン（Murchison, C.） 248
マイヤー（Meyer, A.） 157, 264, 266
マクドゥーガル（McDougall, W.） 248

マグヌス（Magnus, H. G.） 50, 52
マジャンディ（Magendie, F.） 44
増田惟茂 272
松沢哲郎 130
マッハ（Mach, E.） 174
松本亦太郎 81, 87, 254, 256～261, 263, 273, 274
丸井清泰 266, 268
マルベ（Marbe, K.） 87
マレー（Murray, H. A.） 171

三宅鉱一 260
ミュラー（Müller, G. E.） 81, 94
ミュラー（Müller, J.） 44, 46～48, 50, 76
ミュンスターベルク（Münsterberg, H.） 87
ミラー（Miller, G. A.） 238
ミル（Mill, J.） 36, 38
ミル（Mill, J. S.） 36, 37, 84, 182

メーデ（Moede, W.） 248
メーヨー（Meyo, E. G.） 248
メスメル（Mesmer, F. A.） 159
メッツガー（Metzger, W.） 270
メッツラー（Metzler, J.） 240

モーガン（Morgan, C. L.） 9, 38, 116, 118, 119, 201
本明 寛 262
本宮彌兵衛 258
元良勇次郎 8, 81, 104, 251～256, 259～262, 264
盛永四郎 270
モリヌークス（Molyneux, W.） 27, 30
モレノ（Moreno, J. L.） 248

ヤ 行

ヤーキーズ（Yerkes, R. M.） 120, 144, 202, 215, 272
安田徳太郎 268

矢部八重吉 264, 268
ヤング（Young, T.） 44～46

ユング（Jung, C. G.） 104, 148, 150, 156～158, 166～168, 264, 267

横山松三郎 258

ラ 行

ライプニッツ（Leibniz, G. W.） 9, 23, 58
ラプラス（Laplace, P. S.） 60, 62
ランボー（Rumbaugh, D. M.） 130

リヴァーズ（Rivers, W. H. R.） 81
リエボー（Liébault, A. A.） 154

ルビン（Rubin, E.） 192, 194, 270
ル・ボン（Le Bon, G.） 248

レヴィン（Lewin, K.） 177, 185, 231, 234, 245, 249, 270, 275
レーマン（Lehmann, A.） 81, 87

ロエブ（Loeb, J.） 209
ローゼンツヴァイク（Rosenzweig, S.） 171
ローレンツ（Lorenz, K.） 126, 128
ロス（Ross, E. A.） 248
ロック（Locke, J.） 9, 23～27, 30, 32
ロッツェ（Lotze, R. H.） 48
ロマーネス（Romanes, G. J.） 116

ワ 行

ワーデン（Warden, C. J.） 122, 271
渡辺 徹 258, 262
和田（高良）とみ 265, 269
ワトソン（Watson, J. B.） 5, 6, 9, 64, 80, 109, 110, 201, 204, 206, 208, 209～216, 218, 220, 223, 272, 274
ワレン（Warren, H. C.） 20, 34

事項索引

ア 行

アイコン　247
「圧の漸次的変化に対する皮膚の感受性」　252
『アメリカ心理学雑誌』　104, 156, 252
アメリカの心理学　100
アルバータ坊や　211

『医学正典』　17
意識主義　16
イスラム　17
1次的連合法則　34
移調　174, 183
『遺伝的天才』　134
イド　162

ウェーバーの法則　58, 59
ウェクスラー・ベルヴュー児童用知能尺度　142
ウェクスラー・ベルヴュー成人用知能尺度　142
『ウォールデン・トゥー』　224
ヴュルツブルク学派　96
「運動視の実験的研究」　198

エス　162
エディプス・コンプレックス　160
エビングハウスの忘却曲線　93
エビングハウスの保持曲線　93
エロス　160

置き換え　163
オペラント条件づけ　225
『音響心理学』　98

カ 行

回帰　138

外的精神物理学　54
『快楽原則の彼岸』　158
『科学と人間行動』　222
学習障害　255
カクテルパーティ効果　238
隔離　163
家系　134
仮現運動　175〜179
過去経験の効果　190, 191
過去経験の要因　188, 189
カタルシス療法　154, 160
感覚　41, 98
感覚記憶　242, 246
感覚圏　49
『感覚知覚論』　76
『感覚と知性』　36, 38
『感覚の分析への貢献』　174
感情の3方向説　82, 83

記憶　92, 238, 242
『記憶について』　92
『機械的暗記学習の数学的・演繹的理論』　218
幾何学的錯視　100
幾何学的錯視図形　101
気質　144
帰属理論　249
機能心理学　107
『教育の技術』　224
『強化随伴性』　224
『強化スケジュール』　222
共通運命の要因　188
極限法　61
近接の要因　186

空間知覚　46
群化の諸要因　190

304

群化の法則　184

経験説　7
『経験的心理学』　2, 3
『経験的立場からの心理学』　96
「形態質について」　174
ゲシュタルト　181
「ゲシュタルト学説の研究Ⅰ」　182
「ゲシュタルト学説の研究Ⅱ」　180
ゲシュタルト心理学　6, 173, 268
「ゲシュタルト心理学への寄与」　181
ゲシュタルト法則　190
ゲシュタルト要因　190
ゲゼル発達目録　110
元型　168
『言語行動』　222
減算法　76
現象学的方法　192

『光学』　42
効果の法則　202, 216, 220
恒常法　61
口唇期　162
構成主義　88
構成心理学　107
行動主義　6, 64, 201
『行動主義』　206, 212, 214
『行動主義者の立場からの心理学』　206
「行動主義者の見た心理学」　204, 206
行動主義宣言　204
『行動主義について』　224
『行動の原理』　218
『行動の体系』　218
『行動の分析』　222
『行動の本質』　218
『行動：比較心理学入門』　204, 215
行動分析　224
肛門期　162
合理化　163
五感　14

『告白録』　16
『心について』　12
心の構造　160, 161
個人差　6, 133
個人差研究　134
個人心理学　164
5大因子　150
『国家』　10, 12
骨相学　133
古典的条件づけ　204
『子供の心の内容』　104
混色　42
コンピュータ・シミュレーション　244

サ　行

催眠　159
作用心理学　94, 96

地　194
自我　162
『視覚新論』　28, 29
『視覚論』　17
識閾　49
色覚　42
『色彩論』　42
刺激閾　58
試行錯誤　38
試行錯誤学習　202
『自然学小論集』　12, 20
自然選択　114
自然淘汰　114
実験現象学　192
『実験集団心理学』　248
『実験心理学　4巻』　106
『実験心理学十講』　256
『実験心理写真帖』　254
児童発達クリニック　110
死の本能　160
社会心理学　248
『社会心理学』（F. H. オルポート）

248
『社会心理学』（ロス）　248
社会心理学的認知理論　234
『社会心理学入門』　248
『社会心理学ハンドブック』　248
『自由と尊厳の彼岸』　224
自由連想法　156
『種の起原』　6, 38, 106, 114
『純粋理性批判』　48
昇華　163
障害箱　122, 123
上下法　61
条件づけ　204
条件反射　204
『条件反射学』　220
条件反射実験　207
条件反応　204
『情緒と意思』　36
『情念論』　21
情報処理　242
『触覚論』　48
『人格心理学』　150
『神学大全』　18
進化心理学　132
進化論　6, 106, 114
新行動主義　8, 213
心誌　149, 150
心身二元論　21
『人性論』　30
『人体生理学ハンドブック』　44
心的イメージ　136, 240
心的回転　240, 241
心的化学　36, 84
心的機械論　36
『心的作業及び疲労の研究』　265
心的複合体　83, 84
新フロイト派　168
心理学　2
『心理学』　3, 252
『心理学概論』（ヴント）　78, 80
『心理学概論』（元良）　254

『心理学・感覚生理学雑誌』　100
『心理学研究』（ドイツ）　78
『心理学研究』（日本）　258
『心理学原理』　102
『心理学原論』　38
『心理学雑誌』　100
心理学実験機器　85
心理学実験室　79, 81, 259
「心理学における条件反射の位置」　204
『心理学の力学説』　199
『心理学要論』　102
『心理学論文集』　214
『心理研究』　272
心理検査　260
心理的分泌　204
心理物理同型説　198
『人類の起原』　114

図　194
数型　136
スキーマ　233, 236
スキナー箱　225
図形残効　199
スコラ哲学　18
図式　236
図─地反転図形　195
スタンフォード・ビネ検査具　143
スタンフォード・ビネ知能尺度　140
スティーヴンスの感覚尺度　66
スティーヴンスの法則　68, 69
刷り込み　128

性格類型　10
生活空間　231, 234
性器期　162
『生産的思考』　232
『静止および定常状態における物理的ゲシュタルト』　198
精神的幸運　60
『精神的動作』　256

精神年齢　140
精神年齢尺度　140
精神物理学　4, 53, 54
「精神物理学」　254
『精神物理学原論』　38, 56, 58, 64, 66, 92, 106
精神物理学的測定法　61, 62, 64
『精神分析』　264
精神分析学　6, 153, 262
『精神分析学概説』　158
「精神分析学の起源と発展」　156
『精神分析入門』　158, 268
『精神分析法』　264
「精神分析法の話」　264
生得説　7
『青年期』　104
生の本能　160
『生理学的心理学綱要』　78, 96
『生理光学ハンドブック』　50, 52, 98
潜在学習　216, 217
『戦争への動因』　214
全体観　174
全体による部分の規定　184
選択的注意　238, 239
潜伏期　162

相関　138
『想起：実験心理学的社会心理学的研究』　236
創造的綜合の原理　84
『続精神分析入門』　158
『ソロモンの指環』　126

タ　行

大学　16
『体格と性格』　144
体型　144
『体験と認識』　80
退行　163
タナトス　160
『楽しき思い出』　265

タブラ・ラサ　24
短期記憶　238, 242
男根期　162

遅延反応装置　123
知覚　41, 98
『知覚とコミュニケーション』　236
知能検査　138, 260
知能指数　140
『智能心理学』　256
『知能の誕生』　111
注意　84, 232, 239, 240
注意欠陥・多動性障害　255
注意の練習　255
仲介変数　216, 220, 221
『聴覚論』　52
長期記憶　238, 242
超自我　162
調整法　61
チンパンジー　130

『デ・アニマ』　12
『ティマイオス』　10
『哲学会雑誌』　254
『哲学研究』　78
徹底的行動主義　224
『天才と遺伝』　134, 265

同一化　163
投映（影）法検査　171
統覚　58, 84
道具の使用　131
洞察　193, 232
投射　163
動物行動学　128
動物実験装置　121, 123
『動物心理学』　272
『動物と人間における目的的行動』　214
動物の言語　128
動物の精神物理学　63

「動物の知能」(ソーンダイク) 202
『動物の知能』(ロマーネス) 116
動物の認知 132
「東洋思想における自我の観念」 254
『トーテムとタブー』 156
特殊神経エネルギー説 44, 45
特性論 148
トラッキング法 63

ナ 行
内観主義 16
内省主義 16
内的精神物理学 54

2次的連合法則 34, 35
『日常生活の精神病理』 156
乳児の視力検査 67
乳児の精神物理学 66
『人間精神現象の分析』 36
人間測定実験室 136
『人間知性論』 24〜27
『人間と動物の心についての講義』 78
『人間能力の研究』 136
『人間の観察』 32
『人間の心の哲学に関する講義』 34
『人間の自然性について』 10
『人間はいかに行動するか』 274
『人間論』 21
認知 230
認知構造 231
認知心理学 8, 229, 230
『認知心理学』 230
認知地図 216, 234
認知的均衡理論 249
認知的不協和理論 249

ハ 行
『パーソナリティ——その心理学的解釈』 148
『パーソナリティの型と成長』 150
『パイドン』 10, 20

発達心理学 110
般化 211
反動形成 163
反応時間研究 74
ハンプトン・コート型迷路 121

比較行動学 128
比較心理学 6, 113, 116
『比較心理学入門』 116
微小表象 58
『ヒステリー研究』 154
『ヒステリーの精神状態』 159
ビッグファイブ 150
『人および動物における表情について』 114
『人さまざま』 133
ビネ・シモン知能検査 140, 141

フェヒナーの法則 53〜55
プシュケー 2
物質的幸運 60
部分強化 226
部分報告法 246
プレグナンツの原理 190
『フロイド精神分析学全集』 266
『フロイド精神分析大系』 266
分析心理学 168
文脈効果 233

閉合の要因 186
べき法則 68

防衛機制 163
方法序説 21
方法論的行動主義 224
本能 158
『本能の研究』 126
本能論 158

マ 行
『マインド』 38

マグニテュード推定法　69
「マジカルナンバー7±2」　238

『ミツバチの生活から』　124
見通し　193, 232
民族心理学　86
『民族心理学』　80

無意識　159
無意識的推論　51, 230
無意味音節　92
無意味綴り　92
無条件反射　207
無条件反応　204

「もの忘れの心理」　264
モリヌークスの疑問　27
問題箱　202, 203
問題箱実験　202, 203

ヤ　行

ヤーキーズの弁別箱　120, 121
ヤング-ヘルムホルツの3色説　44

『有機体の行動』　222
優生学　138
『夢判断』　156, 164, 166

よい形の要因　188
よい連続の要因　186
抑圧　163

欲動→本能　158
4つの根　8, 10, 11

ラ　行

『リヴァイアサン』　22
利口な馬ハンス　129
リビドー　160
両耳分離聴　239

類型論　144
『類人猿の知恵試験』　193
類同の要因　186

『霊魂論』　12
連合　19, 20, 84
連合主義　4, 19
連合心理学　19
『連合心理学史』　20
練心機　255

ロイド・モーガンの公準　116
『論理学体系』　36

英　字

AD/HD　255
CR　204
IQ　142
LD　255
UR　204
WAIS　142
WISC　142

著者紹介

大山　正（おおやま　ただす）
　1951年　東京大学文学部心理学科卒業
　1956年　東京大学大学院特別研究生修了
　　　　　東京大学教授，日本大学教授を歴任　文学博士
　2019年　逝去
主要編著書
「色彩心理学入門」（中央公論社，1994年）
「視覚心理学への招待」（サイエンス社，2000年）
「心理学研究法」（共著）（サイエンス社，2005年）
「実験心理学」（編著）（サイエンス社，2007年）
「知覚を測る」（誠信書房，2010年）
「心理学研究法　第1～5巻」（シリーズ監修）（誠信書房，2011-2012年）
「実験心理学への招待［改訂版］」（共編）（サイエンス社，2012年）
「元良勇次郎著作集（全14巻・別巻2）」（監修）
　　（クレス出版，2013-2017年）
「心理学［第2版］」（共著）（サイエンス社，2014年）
「心理学への招待［改訂版］」（共編著）（サイエンス社，2014年）
「見てわかる視覚心理学」（共著）（新曜社，2014年）

コンパクト新心理学ライブラリ　15

心理学史
――現代心理学の生い立ち――

2010年9月10日©	初　版　発　行
2024年2月10日	初版第5刷発行

著　者　大　山　　　正　　　　　発行者　森　平　敏　孝
　　　　　　　　　　　　　　　　　印刷者　山　岡　影　光
　　　　　　　　　　　　　　　　　製本者　松　島　克　幸

発行所　**株式会社　サイエンス社**
〒151-0051　東京都渋谷区千駄ヶ谷1丁目3番25号
営業　☎ (03) 5474-8500 (代)　振替 00170-7-2387
編集　☎ (03) 5474-8700 (代)
FAX　☎ (03) 5474-8900

印刷　三美印刷　　製本　松島製本
《検印省略》

本書の内容を無断で複写複製することは，著作者および出版者の権利を侵害することがありますので，その場合にはあらかじめ小社あて許諾をお求め下さい。

ISBN978-4-7819-1259-2
PRINTED IN JAPAN

サイエンス社のホームページのご案内
http://www.saiensu.co.jp
ご意見・ご要望は
jinbun@saiensu.co.jp　まで．

コンパクト新心理学ライブラリ 既刊より

1. **心理学 第2版** —— 心のはたらきを知る
   梅本堯夫・大山正・岡本浩一共著　　四六判／224頁 1400円

2. **学習の心理 第2版** —— 行動のメカニズムを探る
   実森正子・中島定彦共著　　　　　　四六判／304頁 2300円

4. **発達の心理** —— ことばの獲得と学び
   内田伸子著　　　　　　　　　　　　四六判／224頁 2100円

5. **性格の心理** —— ビッグファイブと臨床からみたパーソナリティ
   丹野義彦著　　　　　　　　　　　　四六判／264頁 1800円

7. **教育心理学 第2版** —— より充実した学びのために
   多鹿秀継著　　　　　　　　　　　　四六判／224頁 1600円

8. **乳幼児の心理** —— コミュニケーションと自我の発達
   麻生　武著　　　　　　　　　　　　四六判／216頁 1500円

9. **児童の心理** —— パーソナリティ発達と不適応行動
   森下正康著　　　　　　　　　　　　四六判／288頁 1900円

10. **青年の心理** —— ゆれ動く時代を生きる
    遠藤由美著　　　　　　　　　　　　四六判／176頁 1500円

11. **臨床心理学** —— 心の理解と援助のために
    森谷寛之著　　　　　　　　　　　　四六判／240頁 1700円

12. **心理学研究法** —— データ収集・分析から論文作成まで
    大山正・岩脇三良・宮埜壽夫共著　　四六判／304頁 2200円

13. **情報処理心理学** —— 情報と人間の関わりの認知心理学
    中島義明著　　　　　　　　　　　　四六判／264頁 2000円

14. **生理心理学 第2版** —— 脳のはたらきから見た心の世界
    岡田隆・廣中直行・宮森孝史共著　　四六判／320頁 2300円

15. **心理学史** —— 現代心理学の生い立ち
    大山　正著　　　　　　　　　　　　四六判／320頁 2200円

16. **実験心理学** —— こころと行動の科学の基礎
    大山　正編著　　　　　　　　　　　四六判／248頁 1850円

＊表示価格はすべて税抜きです。

—— サイエンス社 ——